「連帯金融」の世界

欧州における金融の社会化運動

アメリ・アルティ［著］
尾上修悟［訳］

INTRODUCTION
À
LA
FINANCE
SOLIDAIRE

ミネルヴァ書房

INTRODUCTION À LA FINANCE SOLIDAIRE
by
Amélie Artis

Japanese translation rights arranged
with PRESSES UNIVERSITAIRES DE GRENOBLE
through Japan UNI Agency, Inc.

日本語版への序文

A. アルティ

私が本書の執筆において、オリジナリティを示しながら意図したことは、連帯金融の概念化を提示すると共に、その特徴的な原則を分析することである。それは、既存のどちらかと言えば実証的な研究の先に進むことによって、また伝統的な理論的アプローチを問題にすることによって行われる。連帯金融は、ニッチの金融ではないし、あるいは唯一危機から生じる金融でもない。その数十年間にわたる存続は、このオールタナティヴな金融の貢献を強調するものである。そうした金融は、社会的諸関係における貨幣的・金融的関係という枠組に基づいてなされる。

連帯金融は、依然としてマージナルな融資形態（諸機関の間で取引される資金フロー）のように思われているとしても、それは、最も広められた金融の実践を問題にすることになる。営利的な金融仲介に対し、特別でオールタナティヴな融資関係を要求することで、連帯金融は次のような複数の問題群の交錯するところにある。それらの問題は、経済行動、金融関係と経済活動、債権者と債務者の間の関係、リスク管理などである。

本書は、連帯金融の構成要素を分析する。それらの要素は、供給と需要、連帯金融市場の特徴などである。その分析は、概念的フレームワークのための諸要素を提供するためである。

このようにして、本書の関心は、経済科学における連帯金融の概念化に寄与することにある。それは実に、支配的な理論とモデルの仮説を問うことによってである。この概念化は、金融行動の決定における社会的諸関係の役割を確認させる。本書の第一の争点は、**連帯金融の概念的な一体性をつくり上げる**ことである。このことは、**借り手と貸し手の間の相互依存的な複数の諸関係を識別する**ことによって築かれた。すなわち、それらの関係は、社会化の空間から生まれる信頼関係、予想の一致をつくり出すことを容易にするフォロー・サポートの関係、並びに厳密な意味での金融関係である。これらの関係は、複数の組織や共同参加する集団の間で展開される。そうした組織や集団は、パートナーシップによって、かれら自身の間で相互に作用する。その全体がシステムをつくるのである。この融資関係から成るシステムは、最近のイノヴェーションではなく、それは歴史的過程の結果である。

このようなパースペクティヴの中で、本書はまた、連帯金融に関する考察を始めるための教育的手段にもなる。それは同時に、金融理論における新しい概念的パラダイムの構築のための試みでもある。このことは、オールタナティヴな金融の諸形態（マイクロクレディット、社会的に責任のある投資など）を、それらの価値を正当に認めることによって理解するためである。

金融危機の繰り返しや、それらの、我々の社会における経済、社会、並びに環境のシステムに対するネガティヴな諸結果が、現代金融理論の認識論的な基盤を問題とするように我々を促す。

本書の翻訳はまた、考察の橋渡しをつくり出すと共に、その道筋を広げる機会にもなる。連帯金融は、機構上の異なるシステムにはめ込まれる。それらのシステムは、その特徴（国家との関係、市民社会の責任の形態）のあるものを変更する。しかし、そのいずれの場合においても、連帯金融は、より永続的で連帯的な金融を表すものとなる。

序文

ドミニク・プリオン

危機の深まりは、金融システムを揺り動かすと共に、市民に対し、金融の役割について問い質すことを促している。まさにそのときに、本書が刊行されたことは時宜を得たものである。

この本を読むべき理由はいくつもある。

第一に、本書は我々に、危機の要因であり、かつまた大銀行により支配されている略奪的金融とは別に、もう一つの金融の形態が存在することを示しているからである。そうした後者の金融は、社会の、そして連帯というオールタナティヴな価値の根拠となるサーヴィスを行う。

本書を読むべき第二の理由は、それが、金融に関して現実に存在する問題に対し、明晰に、また教育的に、そして謙虚に解答を与えていることにある。実際に、金融の諸問題に関して公刊されている書物の大部分は、複雑で、技術的で、かつまた難解で面白みがない。A．アルティ（A. Artis）は、我々に対して、公衆にはわずかしか知られていない連帯金融というセクターを、厳格さと単純さをもって表現することに十分成功している。我々は本書を読めば、具体例によってその意図を示す著者の能力を高く評価するであろう。そうした例のあるものは、外国の例によりながら、読者の理論分析の理解を容易にさせる。そこでの理論分析は、連帯金融の機能と特殊な性格を理解できるようにするものである。

本書は四つの章から成る。それらの章は、論理的な仕方で有機的に結びついており、この点が、本書を読むのを快いものとしている。第一章は、連帯金融の由来を記している。このことは実際に、本書の独創性を示すものである。ここで、本書における連帯金融の規定を取り上げておこう。「連帯金融は、融資の社会的諸関係というシステムによって特徴づけられる。そうしたシステムは、貨幣的諸関係と社会的絆とを、まとまりのある全体の中で統一する。古典的な融資関係とは異なり、連帯金融は、たんなる匿名で不確実な商業取引の関係ではない」。

第二章は、連帯金融の組織的な諸形態、とくに協同組合と連合組合を簡潔に概観している。この章は、連帯金融における民間のアクターと公的なアクターが、かれらの間でいかに相互に活動しているか、また、商業的なロジックと市民のロジックとの間で見られる緊張がいかに解消されるかを示している。本章から引き出される様々な教訓の一つは、連帯金融が、数多くの、そして極めて変化に富んだ姿を表しているという点にある。というのも、そうした金融は、非常に異なる経済的かつ社会的な実態に適応しなければならないからである。

第三章は、連帯金融の理論的な枠組を表している。金融仲介の理論に基づくことによって、アルティは、融資、リスク管理、並びに債権者と債務者との間における情報の非対称性というような諸問題に対し、連帯金融が、それらに対する独創的な解決としていかに考えられるかを説き明かす。そして最後の章は、連帯金融の有効性について検討する。連帯金融は、不安定な人々を社会に最も良く編入させることができるであろうか。連帯金融は、雇用と家計の収入を増やすことに寄与するであろうか。

本書は、社会的なサーヴィスとして金融を設定できることを、説得力のある仕方で示している。このメッセージは、アクターの数が増えることによって理解されてきた。なぜなら、伝統的な金融とは正反対に、連帯金融のセクターは、金融危機が始まって以来、発展を止めることがないからである。

（Dominique Plihon：パリ・ソルボンヌ第一三大学教授）

訳者序文　連帯金融出現の現代的意味

連帯金融という金融の特殊な形態は、原初的なものとしては欧州で古くから存在していた。それが今日、再び欧州で脚光を浴びてきたのは、サブプライム危機やリーマン・ショックによる金融危機後であった。その背後に、人々の金融機関に対する信頼感が喪失したことによって、既存の金融システムに代わる新しいシステムを要望する声が高まった点を指摘することができる。その一つがいわゆるマイクロファイナンスであり、連帯金融もその一環に組み入れることができる。ただし、連帯金融は、たんなるマイクロファイナンスの枠に止まるものではない。それは、マイクロファイナンスの抱える問題を乗り越えようとするものである。同時に留意すべき点は、連帯金融が欧州を中心に世界中で現実に実践されているという点であろう。そこで最初に、連帯金融の出現は、現代のグローバル資本主義経済・社会の中でいかなる意味を持っているか、また、そうした金融を研究することの意義はどこに求められるか。これらの点をA．アルティの議論に入る前に、大ざっぱではあるが検討しておきたい。そうすることで、アルティの連帯金融に対する考え方がよりスムーズに理解されると思われる。

周知のように、M. ユヌス（Yunus）がバングラデシュで創始したグラミン銀行による金融は、マイクロクレディットに基づく金融革命と称された。それは、貧困をなくし、不平等をなくすことを理念として掲げ、これまで絶対的な賛辞を与えられてきた。ユヌスがそれによってノーベル平和賞を授かったこともあり、今では、そうしたグラミン銀行の限界を問うことさえ無礼であるように思われるほどである(1)。

もちろん、ここでマイクロクレディットの意義に異論をはさむつもりは全くない。否、それどころか、そうした金融の必要性が今日ますます高まっていることを筆者は強調しておきたい。しかし、そうだとしても、指摘しておかねばならないのは、残念ながらマイクロクレディットが現在、行き詰まり感を表している点である。なぜそうなってしまったのか。この点こそが問われねばならない。皮肉にも、そうしたマイクロファイナンスの限界は、ユヌスがノーベル賞を受賞した頃にはっきりと現れていた。当時、インドにおいて、マイクロクレディットが高利の制限を受けることなしに飛躍的に拡大している、と非難されたのである(2)。

さらに、そうしたセクターの急速な発展は、インドにおけるマイクロファイナンスのグローバル市場への統合をますます進めることになった。こうした中で、金融市場はマイクロファイナンス機関に対し、アグレッシヴな成長戦略をとるように促した。しかし、マイクロファイナンスがコントロールされないまま成長したことは、長期的に悲惨な結果を生むことは明らかであった。数多くの顧客（とくに女性）は、返済するための借入れの連鎖に陥った。しかも、このような借入れの連鎖は、事業拡大の観点から、何とマイクロファイナンス機関自体によって奨励された。それが、同セクターの脆弱性を高めたことは言うまでもなかった。家計の返済比率が低落したときに、マイクロファイナンス機関は深刻な流動性危機に晒されたのである。しかも留意すべき点は、そうしたマイクロファイナンスの危機が、悲惨な経済的・社会的危機をもたらしたという点であろう(3)。

そもそも、マイクロファイナンスが非常に収益的になることは、その本来の目的、すなわち、不平等の削減とそれによる必然的な貧民の削減、という目的と適合するはずはない。マイクロファイナンスが収益性と返済可能性を第一に考えるとすれば、それによる資金供給は、支払い可能な中産階級の顧客に集中されるに決まっている。さらに、そうした資金供給の地域的不均衡もかなり大きくなるに違いない。そこでは、貧民がより多く集まっている農村地域は見捨てられ、都市への集中が高まるであろう。そして、その都市では競争が強化されることになる。このようにして、マイクロファイナンス機関は、商業的傾向を強めていく。このことはまた、ファンド出資者によって課されたのである(4)。

以上に見たように、マイクロファイナンスは、当初に掲げた目標を達成するどころか、インドにおいては、目標とは逆の結果を生んでしまった。なぜそうなってしまったのか。一体、そこではどのような問題が潜んでいたのか。現代のインドにおいて、マイクロファイナンスが結局、貧民に厳しい姿勢を表したのは、そうした銀行を支えるビジネス・モデルそのものに問題があるためではないか。筆者はそのように考えたい。

ユヌス自身が提唱するソーシャル・ビジネスは、よく知られているように、貧民の救済という社会的目標を達成するための企業活動を示している。[5] このような社会的企業の意義は極めて大きいと同時に、その創設を訴え続けたユヌスの功績は高く評価されねばならない。しかし、ここで改めて考えてみなければいけないのは、ユヌスのソーシャル・ビジネス・モデルには、いくつかの重要な前提が設けられており、それらの前提が結局は、マイクロファイナンスの性質を変えてしまったのではないか、という点である。つまり、そうしたモデルには、第一に、ソーシャル・ビジネスといえども、ビジネスである以上は、その収益性がつねに問題となること、第二に、そのビジネスは、あくまでも自由市場の基盤の上に運営されねばならないこと、そして第三に、その点との関連で、政府の介入があってはならないこと、という前提が基本的に据えられていたのである。[6]

このようなソーシャル・ビジネス・モデルの前提を踏まえてみると、一九八〇年代に一挙に展開された金融の自由化とグローバル化の影響をマイクロファイナンスも被ったのは当然の結果であった。インド政府が金利の自由化を認めたことは、その点を象徴的に物語っている。それによって、貧民をなくすどころか、逆にかれらが痛めつけられるのであれば、我々が考えねばならないのは、そうしたソーシャル・ビジネス・モデルに取って代わるモデルであろう。連帯金融はまさに、そのオールタナティヴ・モデルの一つとして考えられるのである。

連帯金融を、ここでごく簡単に規定しておけば、それは、衰退している集団、あるいは貧困の悪循環に陥っている人々の資金へのアクセスが困難なことに応じる金融取引全体を指す(7)。つまり、連帯金融は、とりわけ失業などによって周縁に追いやられ社会的に排除された人々に向けて、共同参加する集団により貯蓄を収集し、それによる信用供与を行う一方で、資本－リスクの解消や借り手のフォロー・サポートを行う取引全体を表している。

そして、ぜひとも注目すべき点は、このような連帯金融のモデルが欧州において、グラミン銀行の出現とほぼ同じ時期に考えられ、しかもそれが実践されたということである。連帯金融はまさしく、一九八〇年代初めに、ノンバンクの民間金融機関によって、金融活動における連帯のロジックを設定することを要求しながら現れたのである(8)。かれらは、私的かつ公的な貯蓄を収集し、贈与を受け取り、それらの資金を貸し付けると共に、資本出資の形の下で投資を行った。また、かれらが、環境、教育、社会活動や経済活動による社会的編入などの特別な活動に融資するか、あるいは女性、失業者、並びに経済活動のクリエーターなどの社会的目的に沿った公衆に向けて融資を行った、という点も留意すべきであろう。そうした融資は、職業的な銀行による信用供与の割当てという制約を補うためであった。このようにして、連帯金融のモデルは、一九八〇年代初めから現実に欧州で組織化され実行された。それはとくに、フランスで発展したのである。[9] さらに、そうした組織は、一九九〇年代に「連帯金融」という名称の下に一つの連合体をつくり上げるようになる。ここで「連帯」という形容詞は、リスクと貨幣的収入の共有というメカニズムにしたがった経済活動への融資という自発的な進め方と関係していることも注意しておくべきであろう。

このように、連帯金融はまさに、一九八〇年代以降の金融の自由化とグローバル化が進展する中で、それと同時平行しながら拡大・発展してきた。この点を忘れてはならない。では、なぜ、そうした金融取引の一般的傾向とは異なって、それに取って代わる新たな形の連帯金融が考えられたのか。この点を検討しておくことは、先に見たソーシャル・ビジネス・モデルと対比させる意味で極めて重要である。

一体、欧州における連帯金融モデルの形成とその実践の基本的目的は何であったのか。この点をまず押えておきたい。筆者は、それは、大きく分けて三つあると考える。

第一に、イギリスを中心として欧州に広がりを見せた金融の自由化に対する抵抗がある。実際に当時、欧州において、信用機関による融資の調整方式は、より競争的で自由化されたものであった。[10] そして、このことが、信用へのアクセスの条件をも変更させたのである。これにより、中小企業や極小企業は、融資を受ける上での困難に直面した。従来、そうした融資を積極的に行ってきた伝統的な協同組合銀行も、競争の激化とプルーデンシャルな規制の下で、そのような困難を阻むことはできなかった。大企業と異なり、中小企業や極小企業が特別な融資を必要とすることは言うまでもない。かれらの資金源は限られていると共に、金融市場へのアクセスも、大きな参入コストのために制約を受けるからである。

さらに、そうした金融の自由化の進展に伴って、経済の金融化が展開されたという点も銘記する必要がある。これにより、貯蓄者・投資家は、より有利な（収益力のある）機関や市場に向けて出資することになった。要するに、金融の自由化は、機関投資家の重みを増すと共に、金融機関の間の競争を激化させ、さらに労働報酬よりも一層大きな資本収益を求めた。その結果、資本主義の蓄積体制は、明らかにその性格を変えることになる。まさに、本原著書への序文を寄せたD．プリオン（Plihon）が、かつて正しく指摘したように、新たな資本蓄積体制としての「株主資本主義（capitalisme actionarial）」が登場したのである(11)。それは、株主の利益を最優先する体制を意味する。このような、新しい資本主義体制の下で、中小企業や極小企業、あるいはまた小農民や職人などが、融資の環から閉め出されてしまったことは言うまでもなかった。連帯金融組織が、フランスを中心に欧州で創設されたのは、こうした新資本蓄積体制に抵抗することによって、融資における窮状を打破するためであった(12)。

したがって、そうしたオールタナティヴな金融組織は、自由化の軸となる営利主義や競争主義を排除すると同時に、市場金融によって表された非個人性を否定することを目標として掲げた。しかも、それに参加するアクターは、個人や金融機関を含めた企業のみならず、中央と地方の政府を含んだ一つの集団として位置づけられた。それによって生まれる金融機関は、集団的関係として捉えることができるのである。

このようにして見ると、一九九〇年代以降に金融の自由化に抵抗するものとして出現した欧州の連帯金融モデルは、先に見たユヌスの提唱するソーシャル・ビジネス・モデルとは根本的に異なるものであることがわかる。ユヌスが、自由市場を賛美し、それによる恩恵を貧民にも授けることを謳ったことに対し、連帯金融の提唱者は、自由市場から疎外された人々や企業に、オールタナティヴな金融をもたらす組織を自由市場とは別の枠組でつくり上げようとしたのである。それはまさに、金融の社会化を目指すものであった、と言うことができる。ソーシャル・ビジネス・モデルが、市場主義と営利主義に傾いていく中で貧民から次第に離れていった姿を振り返ってみると、今こそ、連帯金融システムが注目されねばならないであろう。

一方、連帯金融のもう一つのねらいは、それが経済の民主化を進める一助になる、という点であった。経済の民主化は言うまでもなく、市民の一体となった社会参加によって達成される。それはまさしく、連帯経済の本質的な特徴である。連帯金融をもたらす組織も、そうした民主化運動としての連帯経済の一環としてつくり出される。連帯金融の手段は確かに、証券や銀行信用などの伝統的な金融手段の形を成している。しかし、それは、金融、経済、並びに社会の間で生じる関係の順序を逆転させるものとして現れる[13]。そこでの連帯的な投資家は、経済と社会に対するサーヴィスの手段として金融を考える。それゆえかれらは、短期的な収益という圧力から解放されると共に、かれらの貯蓄の一部を、社会的効用を持ったプロジェクトに向けるのである。そうした投資のプロジェクトはまさに、社会的、環境的、並びに経済的な基準と結びついた、インパクトのある投資となる[14]。

現代の資本主義において、経済の領域は、社会の領域からますます解放されつつある。今日、深刻さを極める失業問題や環境問題が、なぜ解消されないのか。その理由も、そうした経済と社会の乖離というコンテクストを踏まえれば容易に理解できる。このような中で、欧州では、社会的経済、連帯経済、さらには社会・連帯経済という呼称の下に、資本主義の改革とオールタナティヴな社会・経済システムづくりを目指す新しい運動が展開されてきた[15]。連帯金融の組織化の動きは、この運動の中で、理論的かつまた実践的に欧州で進められたのである。

最後に、連帯金融が、倫理的な目的に沿うものである点を指摘しておきたい[16]。それは、倫理によって導かれる社会的目的を持ったサーヴィス手段として貯蓄を用いる。そこでは、貯蓄の配給基準として、人間の福祉という観点が据えられる。連帯金融の機関は、投資家と貯蓄者に対し、投資の倫理的価値を説明することを可能としなければならない。そもそも倫理の次元は、経済学にとって、伝統的にその範疇からはずされてきた。それは、あくまでも外生的要因と見なされる。モラル・ハザードが、経済・金融界で横行したのは、その結果ではないか。そうだとすれば、連帯金融に即して倫理を金融の内生的要因として考えることは、モラル・ハザードを防ぐのみならず、従来の金融理論の見直しを強く迫ることになる。

倫理を外生的要因と捉える伝統的・標準的な金融システムにおいて、マネーは、それこそ人間味の全くない〈冷酷な〉ものとして現れる。そうではなく、今こそマネーを、それとは正反対の〈温情のある〉ものに転換しなければならない。連帯金融は、そのことを実践するものである。この点で連帯金融は、社会・連帯経済のみならず人道主義経済をも確立させる一つの重要な構成要素となる。これによって、経済の民主化が進展することは言うまでもない。

以上、我々は連帯金融の基本的な姿をごく簡単に素描してみた。ここで、以下の点を再度確認しておきたい。それは、連帯金融組織なるものが、欧州において、グラミン銀行と時を同じくしながら、しかし、そのねらいはソーシャル・ビジネス・モデルとは全く異なるものとしながら、すでに実行され今日まで発展しているという点である。それは決して、概念のままに止まったユートピア的なものではない。ここに、現代において連帯金融の研究を深めると同時に、そこでの課題に答えることの意義を認めることができる。

なお連帯金融は、その概念と実態も含めて日本では紹介されていないため、最後に、読者の理解を促すやや長い解説を設けた。読者はまず、それを読まれてから本文に眼を移されてもよいかもしれないと思われる。

注

（1） Fouillet, C., Guérin, I., Morvant-Roux, S., Roesch, M. & Servet, J-M., "Le microcredit au péril du néolibéralisme et de marchands d'illusions," in *Revue du Mauss*, No. 29, premier semestre, 2007, p. 241.

（2） Duflo, E.,"Inde, la microfinance en crise," *Libération*, 30, october, 2006.

（3） Fouillet, C., et al, *op. cit.*, p. 251.

（4） Lagoarde-Segot, T., *La finance solidaire — Un humanisme économique —*, de boeck, 2014, p. 102.

（5） ムハマド・ユヌス／猪熊弘子訳『貧困のない世界を創る――ソーシャル・ビジネスと新しい資本主義』早川書房、二〇〇八年、プロローグ。

（6） ムハマド・ユヌス、前掲書、「第一部 ソーシャル・ビジネスの約束」。

（7） Taupin, M.-T. & Glémain, P., "De la finance alternative à la finance solidaire: quell degré de dépendance institutionnelle?," in Dusseuet, A. & Lauzanas, J-M., dir., *L'économie sociale entre informel et formel — Paradoxes et innovations —*, Presses universitaires de Rennes, 2007, p. 151.

（8） Artis, A., *La finance solidaire — Analyse socio-économique d'un système de financement*, Michel Houdirad Editeur, 2012, p. 3.

（9） Taupin, M.-T. & Glémain, P., *op. cit.*, p. 151.

（10） Artis, A., *op. cit.*, p. 3.

（11） Plihon, D., *Le nouveau capitalisme*, Flammarion, 2001, p. 7.

（12） Taupin, M.-T. & Glémain, P., *op. cit.*, p. 153.

（13） Lagoarde-Segot, T., *op. cit.*, p. 44.

（14） *ibid.*, pp. 53-54.

（15） そうした運動に関する本文での引用書以外のフランスでの研究として以下のものを挙げることができる。Lavile, J-L., dir., *L'économie solidaire*, Pluriel, 2007（ジャン＝ルイ・ラヴィル編／北島健一、鈴木岳、中野佳裕訳『連帯経済』生活書院、二〇一二年）, Jeantet, T. & Poulnot, J.-P., coord., *L'économie sociale, une alternative planétaire*, Charles Lépold Mayer, 2007. Jeantet, T., *L'économie sociale, une alternative au capitalisme*, Économica, 2008. Hurstel, D., *La nouvelle économie sociale*, Oldile Jacob, 2009. Jouen, M., *La politique européenne de cohesion*, La documentation Française, 2011. Jeantet, dir., *L'économie sociale et solidaire, une réponse aux enjeux internationaux*, Dussuet, 2013. わが国でも、そうした流れに沿うものとして、本山美彦氏により『アソシエの経済学』（社会評論社、二〇一四年）が出版されたことは高く評価できる。

（16） Lagoarde-Segot, T., *op. cit.*, p. 102.

「連帯金融」の世界——欧州における金融の社会化運動

目次

日本語版への序文

序　文

訳者序文　連帯金融出現の現代的意味

目　次

序論

一九八〇年代以来、現代の金融は、数多くのイノヴェーションの源となっている。しかし、それらのイノヴェーションはつねに、実体経済を維持するか、あるいは人々の生活水準を改善するものでは必ずしもなかった。そうではなく、それらは逆に、よりしばしば不安定性と社会的排除の源となった。このことを我々はよく認めなければならない。こうした事実に直面して、連帯金融を提唱する声が高まっている。それは、現代金融のネガティヴなインパクトを是正するか、もしくはゲームのルールを転換するためである。

銀行の役割は、三つの主たる活動により規定される。それらの活動は、支払い手段の管理、預金の収集、並びに信用供与を表す。銀行家は、生産をフォロー・サポート（accomagnement）する者である。かれらは、生産を開始するのに必要な金融の手段と資金を提供する。J．A．シュンペーター（Schumpeter）はこうして、銀行に課せられる重い責任を指し示した。かれがこのように考えたのは、次のことに気づいたからである。すなわち、銀行家は、「経済活動を新たに結合させることができると共に、そうした結合のために、言わば国民経済の名の下でその力を発揮できる。銀行家は、商業取引経済の番人である」(Schumpeter, 1935, p. 329)。ところが今日、日々の銀行活動は、このような企業家に対するサーヴィス関係といかにも疎遠になっているように思える。

連帯金融の歴史的研究は、生産活動の進展をフォロー・サポートする上での、そうした金融の役割を分析するものである。このようなフォロー・サポートは、新たな融資の資金源に責任を持つと共に、それに寄与する手続きを刷新することによって行われる。一九世紀においては、前資本主義的な生産活動を維持するための融資が重要であった。今日では、自律的な雇用と、非資本主義的な企業の新たな形態の発展をフォロー・サポートすることが重要となっている。

連帯金融組織は、経済的プロジェクトを有する人々、並びに特別な経済活動、すなわち、銀行信用あるいは貯蓄にアクセスする上で困難に出会う活動に対して差し向けられる。なぜなら、そうした活動は、その活動を融資するための信用供与の基準を満たしていないからである。このような金融的排除は、当てにならない収入を持つ人が、ある活動を生み出すための職業向けの信用需要を引き起こすときになって初めて表に現れる。これらの困難は、そうした人々の社会的生活を送る能力に対する直接的な結果である(Gloukoviezoff, 2008)。

銀行の資金流通から融資を受ける上で、他よりしばしば困難に出会う活動の部門、ないしはその形態が存在する。それらは、小さな文化的団体、革新的な企業、あるいはまた営利的な目的のない組織などである。これらの事業は、ア・プリオリにリスクのレヴェルを引き上げる。それは、かれらの革新的な性格や組織的な諸特徴、ないしは受取り可能な利益と比べてあまりに大きな管理コストなどのためである。

それゆえ、これらの活動にとってと同じように、こうした人々にとっても、問題は、当初の融資を返済するために将来の収入を生み出すことができるような経済活動の資金繰りを行うことである。かれらは、事業を開始するために、貯蓄ないしは資産を使えないし、また融資が必要なときに、固定された、ないしは十分な貨幣的収入を持っていない。さらに、かれらは、自分達の失敗するリスクをカヴァーするための十分な保証を示さないと共に、信用を供与できる銀行組織との信頼関係も持っていない。

信用供与の側から見ると、このように銀行信用にアクセスできないことは、資本主義的なタイプの活動を優遇した信用の標準化と制限によって理解することができる。そうした信用の標準化や制限はまた、〈銀行活動の低迷〉の原因ともなっている。信用需要の側からは、そのような信用を利用できないことは、企業家の特定の型にあてはまらない特徴の表れによる。それらの企業家は、家族の資産を持っていないか、あるいは非資本主義的なロジックにしたがって組織されているのである。

このようなケースにおいて、連帯金融は、適切な解決になるかもしれない。しかし、それは特別な金融仲介であって、銀行ではない。すなわち連帯金融は、銀行の諸活動の中で、貯蓄の収集や信用供与のような、ある一定の活動しか実行しない。また、それは、生産のための融資に向けられる。連帯金融は、消費あるいは住宅に対する信用をえることの困難に応じようとするものではない。それは唯一、豊かさを生み出す元となる生産の領域へ融資することに関与する。しかし、連帯金融の性質とその役割は、依然として曖昧である。したがって、その概念化は、第一の争点となる。

連帯金融は、融資の社会的関係というシステムによって特徴づけられる。このシステムは、貨幣的関係と社会的絆とを、まとまりのある全体の中で統一する。そうした関係は、古典的な金融関係と異なり、匿名的で不確実な商業取引を問題にしない。連帯金融は、金融関係と社会化の形態から成る複合的システムをつくり出すのである。このシステムはまた、信頼関係とフォロー・サポートの関係から説き明かされる。

連帯金融は、以下のような複数のイノヴェーションの要因になる。

――連帯金融の手段の創出。それらは、連帯的貯蓄商品（Cod'Adie[1] など）、投資商品（出資証券、協同契約など）。

――融資の連合組合的かつ協同組合的な組織の出現（フランスではアディ〔l'ADIE〕[2]、ネフ〔La NEF〕[3]、パ・ド・カレー県北部連帯金庫〔La Caisse solidaire Nord-Pas-de-Calais〕[4]、ＰＦＩＬ[5] など）。それらは、一定の協同組合銀行のネットワークにより支持される。

——非伝統的な評価基準の設定（Guérin, Lapenu, Doligez, 2009）。

連帯金融の目的は、企業家に対する融資の場とネットワークをつくり出し発展させることである。このことは、実に非伝統的な社会・経済的ロジックを有効に用いることによって行われる。

連帯金融は今日、フランスの、かつまた国際的な金融情勢の中で、その活動を絶えず増大することによって、かれらの地位をはっきりと表している。すなわち、それはマイクロクレディットであると共に、資本出資や貯蓄サーヴィスなどのような、融資のもう一つの手段でもある。二〇一一年にフランスでは、連帯的な貯蓄の運用残高は、三一億五〇〇〇万ユーロに達した。それはまさに、二〇〇四年以来、五倍に増えた。これらのファンドから生まれた六億八一〇〇万ユーロは、直接に連帯金融組織によって投資されたのである（Finansol, 2012）。

本書の目的は、経済的アプローチの中で、連帯金融をよりよく把握することである。連帯金融の諸々の特徴はどのようなものか。それは、新たな金融仲介システムを形成することになるか。金融システムが本質的な転換を経験していることに直面して、連帯金融の役割は何であり、またその貢献はいかなるものか。このようにして、生産の貨幣経済という枠組の中で、連帯的な貸借関係に従事する諸機関の間のコーディネーションの動きとメカニズムを分析することが重要になる。

第一章は、連帯金融の発生を説明し、次いでその概念規定を提示する。それは、他の金融仲介の形態（銀行ないしその他）と比べたときに、その違いと特殊性を明らかにすることによって行われる。そのために、我々は、異なる大陸（アフリカ、アジア、ラテン・アメリカ）から生まれる例を集めるであろう。

第二章は、連帯金融の組織的な形態とそれらが有する優位性を簡潔に概観する。それらの形態は、協同組合、連合組織、支部などである。そこで連帯金融の異なるアクターが、かれらの間で設けられる妥協の特徴と同様に分析される。

第三章は、金融仲介に当てられた経済の問題に深く入り込むことを示す。我々はそこで、金融仲介の役割と信用割当ての可能性を分析する。融資の制約に関する理論的基礎を簡単に思い起こした後に、我々は、連帯金融が、表明された異なる諸問題に対して、いかに解決を提供するかという点に向かう。それらの問題は、情報の非対称性、リスクの管理、並びにコントロールである。

最後の章は、連帯金融の評価とパフォーマンスの問題を取り扱う。それらは、金融と社会の目的を同時に持った連帯金融のハイブリッドな性質という事実により、複雑なものとなる。最終的に我々は、連帯金融における競争という問題意識から、そのパフォーマンスの問題を一望するであろう。

訳注

〈1〉 一九九六年にアディ（Adie）（訳注〈2〉参照）と協同信用金庫のパートナー関係が結ばれ、かれらは連帯的貯蓄商品を開発した。それがCod'Adieと呼ばれるもので、二〇〇六年五月にAdieにより組織されたマイクロクレディット週間でつくり出された（www.credit-cooperatif.coop/.../cp_conventionCC-Adie.pdf 二〇一五年八月二〇日にアクセス）。

〈2〉 アディ（Association pour le droit à l'initiative économique, 経済的イニシアティヴを享受する権利のための連合組合）は、一九八九年にフランス人のM. ノワク（Nowak）により、マイクロクレディットの原則を採用することで創設された。それは、労働市場や銀行システムから排除された人々を支援する。アディの目的は、そうした人々が企業を創立し、それによってかれら自身の雇用をマイクロクレディットによってつくり出すことである（http://www.adie.org/decouvrir-ladie/nos-mission. 二〇一五年五月二〇日にアクセス）。この連合組合は創設以来、約一二万件のマイクロクレディットの合意を達成している。

〈3〉 ネフ（Nouvelle économie fraternelle. 新同胞経済）は、一つの連帯金融の協同組合である。その社会的本拠地は、フランスのローヌ・アルプス地区にある。それは、当初より社会人類学的な発想に基づき、今日では、エコロジーと社会・連帯経済の価値を守っている。一九八八年に創設されて以来、ネフは、貯蓄の収集と信用という二つの活動をフランス銀行の認可の下で行っている。

〈4〉 パ・ド・カレー県北部連帯金庫（La Caisse solidaire Nord-Pas-de-Calais）は、フランス北部のカレー地方の脆弱な経済構造、とりわけその極めて高い失業率（一九九七年に一六％で当時のフランスの平均を三％上回る）とその社会生活への影響に対処するため、企業創設のプロジェクトへの貸付に向けられた新しい金融団体を支えるものとしてつくられた。この連帯金庫は、一九九七年一〇月に創設されたもので、それは、一地域が信用機関に参入した最初の例である（http://base.d-p-h.info/fr/fiches/premierdph/fiche-premierdph-4202.html　二〇一五年八月一九日アクセス）。

〈5〉　ＰＦＩＬ（Les Plates-Formes d'Initiative Locales, ローカルなイニシアティヴの基本方針）は、ＣＣＩ（Chambre de commerce et industrie, 商工会議所）によってつくり出されたもので、それは、地方自治体の参入や異なるパートナーの支援を伴う。このローカルな連合組合は、企業の創設を支援する。それは、金利もなく個人的保証もない貸付を意味する名誉の貸付、フォロー・サポート、並びに企業創設後の数年間の保証などによる。ＰＦＩＬはすでに二〇年以上にわたって存続している。その目的は、小企業に五〇〇〇ユーロから一万五〇〇〇ユーロの貸付を行うことによって、そのファンドを強化することである（http://www.moulins-vichy.cci.fr/pret-honneur-pfil.html　二〇一五年八月二一日アクセス）。

第一章　銀行・金融システムにおける連帯金融

――一つの特別なアクター――

連帯金融は最近の現象ではない。それは、古くからある金融的実践の結果生じたのであり、また、信用の配給において、資本主義により導かれる不公正に反駁するものとして設けられた。その活動は、リセッション時の経済活動による社会的編入に対するたんなる融資や、あるいは《貧困者への融資》に限られているのではない。それは、経済・金融システムの現実の構成要素となっている。

連帯金融は、一九世紀から二〇世紀の間に進展し、かつ組織化された。また、その中のある組織は、少しずつ金融システムをまとめ上げた。そうした組織は、欧州の貯蓄や信用の協同組合のようなものである。それらは、連帯金融からは比較的遠のいた銀行グループを生み出す要因となった。一方、その他の組織は消滅し、あるいはまた新たな組織に取って代わった。このような変化は、経済・金融システムの変化と結びついていた。

最初に、我々は、この三〇年間の経済・金融システムの転換を分析することに焦点を当てよう。

次いで、連帯金融の特殊性を、社会・金融の仲介として規定しよう。それは、連帯金融が、国際的な実体として実際に設けられている仕方を理解するためである。

銀行・金融システムの変化

経済・金融危機の繰り返しは、現代の経済システムにおける不安定性を明らかにした。融資の諸形態、発展モデル（フォード主義の時期におけるような賃金モデル、あるいは今日のような、より企業家的なモデル）、並びに国家の役割（社会的国家の表明、あるいはその検討の中での）などの間の有機的な結びつきは変化すると共に、それらに対するオールタナティヴな対応が必要となることを明らかにしている。こうした状況が、連帯金融における最近の活力に係わっている。このような活力は、経済の金融化のプロセスの中で、かつまたそれを背景として、銀行・金融システムの再検討と合わせて現れているのである。

一九七〇年代以来、銀行業はその姿を一変させた。そうした転換は、主として、集中化、多角化、並びに国際化のプロセスにより生じた。そこでは、ユニヴァーサル・バンクが基準のモデルとなった。それは、需要の全てに応じるものであった。銀行は、国際的な市場に投資すると共に、付随的な活動（保険業あるいは不動産業のような）に向けた多角化の戦略を用いた。このことは、かれらが、その成長を維持すると同時に、決定的に大きな規模に達するためであった。銀行セクターはしたがって、顧客の新たな需要に応じるために、産業の発展の中に組み込まれたのである（Scialom, 2007）。これらの変化は、実際の大銀行グループを生み出す要因となった。

金融仲介の統一的なモデルを考慮した機構上の進展

フランスの銀行セクターは、一九八〇年代以来、機構的に数多くの変化を経験してきた。一九八四年の銀行法は、銀行規制の設定におけるパラダイムの変化を象徴的に示している。一方で、この銀行法は、銀行に対し、信用機関として同一の規定を与えた。その際の信用機関の範囲は、活動領域（預金の収集、信用供与、為替取引、コンサルタント）によって、かつまたその職務（第三者の勘定のためか、あるいは自分自身の勘定のための）によって限定された（Plihon, 1999）。他方で、そうした規制は、リスク管理、並びに統一的なモデルにしたがった枠組の中での適切な実践の追求に基づいている。しかし、フランスの銀行システムは、非常に多様化している。というのも、そこには、株主によりコントロールされた銀行や、団体の組員により保有された協同組合銀行などが見出せるからである（Plihon, 1999, p. 22）。

しかし、それにもかかわらず、銀行セクターのアクター全体は、国際的に同一のプルーデンシャルな規律を尊重しなければならない。それは、金融仲介活動に固有なリスク（ディフォールトのリスク、システミック・リスク）をコントロールするためである。新たな国際的規律は、銀行の自己資本と信用供与に対するコントロールを強めている。協同組合銀行にとっては、他の銀行にとってと同じように、これらのプルーデンシャルな規律が、最もリスクのある顧客を分断させることに応じて、その活動を制限する。そうした顧客は、新設された企業、小企業、社会・連帯経済における企業、質素な家計、不安定な収入を持つ家計などである。

この、より競争的で、自由化され、かつまた金融化された調整（レギュラシオン）の方式は、それゆえ、信用に対するアクセスの条件を変更すると共に、繰り返し金融危機を導いた（Aglietta, 2008）。そして、そのような危機の反復は、非対称的な金融のグローバル化のプロセスに関与した（Plihon, 2004）。金融により主導された、この新たな資本蓄積体制（Clévenot, 2008 ; Plihon, 2004）はまた、職人や中小企業、さらには極小企業のような、ある職業のカテゴリーを金融的に排除する要因となったのである（Guérin, 2002 ; Vallat, 1999）。

家計や中小企業は、資本市場から遠ざけられると共に、このような金融グローバル化のインパクトを被った。そしてかれらは、信用を利用できる貨幣的条件かつまた非貨幣的条件が変更されたことを知る。すなわち、借り手の選別は、経済的かつ商業的な諸要素によることに専念された。融資の基準は、標準化された金融方式（例えば、得点記入法）によって客観化されてしまった。このことは、《よりリスクがある》と判断された人々の一部を脆弱にするか、あるいは排除することになった。

諸活動とリスク管理の進展

銀行活動の証券化と市場化は、銀行業の中核に、リスクに対する新たな関係をつくり始めた。銀行家達は、実にかれらの信用活動を減速させることによって、そのバランスシートから与えられた信用の一部を抜き取るように促された。したがってかれらは、システムの脆弱性を増すようなリスクの分散に関与することになる。かれらの職務はそこで、完全に変更された。このことは、かれらを実体経済への融資という伝統的な職務から遠ざけたのである（Ansart et Monvoisin, 2012）。

これらのマクロ経済上の変化や銀行セクターの変化は、銀行家とかれらの顧客との間の関係を一転させた。伝統的に、信用供与、並びにより広くは生産のための融資の提供は、長期にわたる責任、及び諸個人の相互活動における責任を意味するサーヴィス関係に基づいている（Reboud, 1997）。このようなサーヴィス関係は、初めはコーディネーションの仕方であった。この方式は、借り手に関する不確実性を克服することを可能にした。それはかつて、そうした関係を安定させると共に、非経済的な次元にそれらの関係を組み込ませることによって行われた。今日、そのような関係は、リスク管理の方式、とりわけ銀行活動におけるそれを示している（Laurent, 1997）。

現実に、労働組織や商業取引のグローバル化における最近の変化は、銀行活動におけるサーヴィス関係の部分を減少させた。金融サーヴィスの生成は転換している。すなわち、銀行業のプロセスは、サーヴィスの自動化と標準化という形で表れる（例えば消費に対する信用）。他方で、企業に対する信用のような他のサーヴィスは、個別化され、かつ個人化された《特別注文》に対応したままである（Brun-Hurtado, 2005 ; Courpasson, 1995）。

このような、経済的・金融的機構の転換、経済リセッション、並びに構造的失業の増大と定着という状況の中で、融資の連合組合的かつ協同組合的な新しい組織が現れている。それらの組織は、経済的行為を変えたいと考えている。それは、政治的問題と経済活動を結びつけることによってである。この展開は、社会運動的な貯蓄の発展により、並びにローカルな企業や実物の領域と結びついた非資本主義的な企業に向けられる投資の促進によって現れた。これらの金融手段は、集団的なフォロー・サポートや社会的絆の創出と結びつく。この《オールタナティヴ》として求められる融資は、主として次の二つの方式にしたがって発展した。一つは、融資の短期的な資金流通（貯蓄者と借り手の間の）の構造である。それは、相互性による資源（贈与やヴォランティア）、並びに直接的な貯蓄に基づく。それらは、政治的な方向と経済的な手段とを、《金融資産に基づく資本主義に対する抵抗》の中で結びつける（Taupin et Glémain, 2007, p. 632）。そしてもう一つは、連帯的な貯蓄商品である。それは、連合組合や大義を有する集団への融資を可能とする、銀行のネットワークによって配給され管理される。

特殊な社会・金融的仲介の形態としての連帯金融

経済システムの今までとは異なる諸々の変化は、貯蓄者、金融仲介者、並びに借り手の間で隔たりを引き起こしてしまった。それは、金融と実体経済との乖離を生み出したのである。このような経済的状況、すなわち、金融的、経済的、並びに社会的な諸関係の《枠組の設定を壊そうとする》状況に直面して、連帯金融のイニシアティヴが新たに浮かび上がっている。このイニシアティヴは、金融関係の社会・経済的システムによって規定される。

様々な連帯金融から一つの規定された連帯金融に向けて

連帯金融は、異なるアプローチにしたがって分析されてきた。資源の面からのアプローチは、諸々の資源（商業的資金、補助金、贈与、ヴォランティア）の合成、並びに連帯金融をその他の金融形態と区別するための相互性の利用を明らかにする。そこで、このアプローチは、《連帯経済》に組み入れられる（Alcoléa-Bureth, 2004 ; Laville, 1994）。貯蓄者はそこで、よりわずかな報酬、及び、他の古典的な金融商品と比べてア・プリオリにより大きなリスクをとることを受け入れる。こうした事実は、連帯金融が、相互性と政治的な社会参加という枠組の中にはめ込まれることを示している。

さらに、地方自治体と民間企業の参入は、このようなシステムの政治的な使命を強めることになる。すなわち、これらの全てが、共通の目的に向けて貢献するのである。

また、公衆の側面からのアプローチに関して、それは、連帯金融によって支援される人々の社会的かつ職業的な特徴に集中する。これらの人々は、主として失業により周縁に追いやられた人達である。かれらは、経済活動の創出というプロセスの中で、金融的な排除を被っている（Guérin et Vallat, 1999）。このシステムは、しばしば《貧者のための金融》ないしは《包摂する金融》と同一視される。それは、その金融的負担がわずかであり（フランスについては一万ユーロ以下のケース）、また小生産者（小商人、職人、あるいは小農民）に対する支持のためである。

最後に、金融手段（信用のみならず、資本－リスク、フォロー・サポート、並びに一定期間の調査）からのアプローチは、融資の諸条件を分析する。投資の選択において、たんに金融のみには限られない基準を用いることにより、連帯金融は、金融の倫理に関して考えるように組み込まれる。

以上の諸々のアプローチは、各々対立することなく結びついている。それらは、《衰退する集団、並びに貧困の悪循環に陥っている人々にとって資金を利用するのが困難であることに応じようとする金融取引全体》を規定しているからである（Bourque et Gendron, 2003）。それらのアプローチは、《銀行のユニヴァーサル化の欠陥に対応》するものとしての連帯金融の役割を事前に設定しようとする（Bévant, 2003）。それは、伝統的な金融システムの不十分さを修正するためである。

しかし、これらの異なるアプローチは、連帯金融を、他の金融システムと区別できるようにするものではない。それらはまた、諸々の組織の進展を理解させるものでもない。これらの困難な点は、様々な議論を生み出している。そこでの議論は、《商業的》な連帯金融と《社会的》な連帯金融の間で両極分解を引き起こすと共に（Guérin et al. 2009）、連帯金融の性質に対する無理解を大きくしている。

連帯金融：金融の社会的関係のシステム

連帯金融は、共同参加する集団、すなわち個人（貯蓄者と借り手）、組織（連合組合、協同組合、銀行）、並びに公的機関（地方自治体）を再グループ化する。それらは、共通の目的、すなわち、経済活動の融資という目的の中で、諸関係を複合的に合わせながら全体的なものにすることによって組織されるのである。

これらの金融的かつ社会的な諸関係は、一つのシステムを成している。それは、社会的かつ金融的な仲介を意味するものである。そうした諸関係は、それらに固有な複数の属性によって特徴づけられる。ここで社会的絆の概念は、諸個人間の関係と諸機関の間の近隣性に係っている。そこでの諸機関は、コミュニティの成員間の連帯を維持し、かつまた持続させる機能を持っている（Farrugia, 1997）。

金融仲介の特殊性

金融が直接的な関係で行われる場合（同一の家族の成員間での貸付のような）、貨幣的関係と社会的絆は不可分である。一方、仲介された金融（銀行あるいは他の金融機関による）の関係においては、貨幣的関係は双方向的なものとなる。すなわち、その関係は、一方で仲介者と貯蓄者の間の関係であると同時に、他方では仲介者と借り手の間の関係でもある。そこでは、借り手と投資家の間に何の関係も存在しない。そして、社会的絆も金融関係という領域から排除されてしまう。これに対し、連帯的な融資関係においては、貨幣的関係は三つの《アクター》の間で結びつけられる。それらのアクターは、借り手、貯蓄者、並びに商業取引の短期的流通にならった連帯金融組織である。さらに、かれらは社会的絆の創出とその維持を後ろ楯にしている。そうした絆が、システムにおける三つの主役の間の商業取引を強固なものとしているのである。

連帯金融の仲介は、古典的な仲介の特別なケースである（Mesquita, 2009 ; Guérin, 2000）。この古典的な仲介は、融資能力を持った諸機関（Agent à capacité de financement, ACF）と関係づけると共に、融資を必要とする諸機関（Agent à besoin de financemet, ABF）とも関係づけることによって規定される。古典的な金融仲介は、双方向的な関係を優先する。それは、貯蓄者と借り手が出会うことなく行われる。これと逆に、連帯金融は、ＡＣＦとＡＢＦの間の出会いを容易にする。それは、かれらの間で貨幣的取引と社会的絆とをつくり出すことである。こうして、諸機関の間の三角関係的な仲介が設けられる。すなわち、連帯金融は、貸借関係を社会化という形態に関連づける。それは、金融仲介の全ての活動に固有なリスクを、よりよく制御するためである。

社会的絆と金融的諸関係

金融的諸関係において、社会的関係はしばしば目に見えてこない。後者は、金融的関係に影響を与えないように思われる。ここでの金融的関係は、専ら合理的計算に基づいているにすぎない。それにもかかわらず、経済的かつ金融的な諸関係、すなわち匿名的であると共に、より個人的な関係あるいは親縁関係から遠ざかった諸関係においても、社会化の諸形態が続けて存在している姿を明らかにすることができる。

これらの経済的な諸関係の全ては、最小限の相互性と社会的な相互活動に基礎づけられている（Chantelat, 2002）。この事実により、貨幣的な諸関係や、商業的かつ非商業的な諸関係は、諸個人間の社会的絆の異なった形を用いているのである。

連帯金融関係における社会的絆の重要性は、M．モース（Mauss）の考えによる互恵性と共通するものではない。我々のケースでは、社会化は、グループとなり、グループを考え、また、グループで行動するという仕方に組み入れたものである。それは、P．ブルデュー（Bourdieu）が言うところのアビトゥス（habitus）〈1〉にならっている。第一次の単純な社会化は、家族、近親者、あるいは同等の人のグループとの最初の社会的経験を成す。一方、第二次の社会化は、異なる社会的グループとの衝突の中で形成される。この後者の社会化は、組織における下部の部分に現れる内部化を想定すると共に、一体化や非一体化のプロセスを含んでいる。第二次の社会化は、社会問題への参加において、より大きな自由を提供する。そこでの参加は、自由意思によるものであり、かつまたそれは、組織を通して媒介される。さらに、そこでの義務の重みと感情的な責任の度合はより弱い（Charbonneau, 1998）。

これらの二つの社会化を比較して見ると、家族的ないし非公式な融資は、家族の絆を強めることによって第一次の社会化の形態にはめ込まれる。他方で、銀行による融資は、第一次の社会的絆の全ての形態から解放される傾向がある。それは、匿名性と個人との距離を置くことを促すことによってである。連帯金融に即して見ると、その金融は、第一次の社会的絆、すなわち《強い絆》に対して距離を持とうとする。それは、縁故主義（clientalisme）、温情主義（paternalism）、あるいは支配に対して闘うためである。連帯金融はむしろ、第二次の社会的絆、すなわち、M．グラノヴェッター（Granovetter, 2000）の用語にしたがえば、《弱い絆》を奨励する。それは、第一次の社会的絆のヴェクトルを成すかもしれない。しかし、たとえそれらの状況が存在するにしても、そうした状況は副次的なままである。

連帯金融における社会的絆は、異なる主役の間で出会いや学習の場を設けることによって促進される。これらの活動は、共生（コンヴィヴィアリティ）、諸取引の個人化、継続性、並びに永続性などに基づいている。

社会化の主たるヴェクトルの一つは、ヴォランティアである。それは原則的に、プロジェクトの保有者のフォロー・サポートや、連帯金融組織の政治的管理（行政審議会への参加）と経営管理（責任のある委員会への参加やコミュニケーション活動など）において実現される。ヴォランティアは、社会的絆の重要なヴェクトルであり、それはまた、複数の社会的ネットワークの間の交わりを可能にするものである。

これらの第二次的な社会化の諸形態は、つねに集団的な組織の媒介のおかげで機能する。そうした組織の役割は、貯蓄者と借り手の間の関係の中で調整可能となる。そこでは、次のような社会化の三つの異なるレヴェルが存在する。

――貯蓄者と借り手の間の直接的な社会化（あるいは融資の短期的流通）。これは、非常に簡単で身軽な組織（例えば、連帯的な投資家クラブにおけるもの）を伴う。

――フォロー・サポートによる社会化。これは、連帯金融組織が、以下のようなプロセスを準備・企画するときに生まれる。そのプロセスとは、貯蓄者の一部が、組織（例えば連帯金融の金融団体）の賃金労働者に支えられることによってフォロー・サポートの費用を負担するものである。

――外生的な社会化。これは、投資家達が、社会化のプロセスには直接に参入せずに、それを、連合的なヴォランティア達を動員する組織に委ねる場合である。そうしたヴォランティア達は、必ずしも投資家ではない（例えば、職業的なマイクロクレディットを行う連合組合）。

連帯金融の異なる諸形態

連帯金融の概念は、もしも我々が、設定される諸活動の連帯的な性格を正確に述べないのであれば不完全なものである。連帯金融は、具体的に複数の形態の下で理解される。それらは、貨幣的な利得の拒否（利子の一部の拒否）、資本の無報酬（無償の信用）、リスクの共有（損失と恩恵の共有、ないしは資産のない人々に対する信用供与）、社会的に排除されている人々、あるいは連帯的な活動の状態にある人々への融資、などである。これらの連帯の諸形態は、異なる哲学のスタイルに組み込まれている。

連帯の第一のスタイルは、他者、中でも最弱者に向けて慈善を施す宗教的な哲学と結びついている。この哲学は、融資に関しては長い間、利子と高利に対する闘いによって示されてきた。

連帯は同じように、活動によって恩恵を受ける者の社会的な条件から規定される。連帯は、収入のない人々への貸付によって説き明かされる。この連帯は、自然の摂理である。そこでは、連帯は、自然は、全ての人達に、必ずしも同じ財産を提供しないからである。こうした状況の中で、連帯は、人間に対し、経済的な取引に参入させると共に、かれらを自律させることができなければならない。慈善のロジックの中で、私的なイニシアティヴは、連帯による活動を利用する。それは、最も弱い人々に対し、かれらの境遇を改善することを支援するためである。人々の関係は、垂直的な、かつまた不平等なものである。しかし、それはしばしば、温情主義的ないし道徳主義的な性格を伴っている。

次いで経済的な連帯は、分業、商業取引、並びに競争の中で生まれる。社会学的な観点からは、分業は、自然科学のそれに近い《有機的な》連帯を演出する。それは、社会の成員間で依存関係をつくり出す。かれらは、労働の特化という事実により、完全に充足的ではない。かれらは他者を必要としている。このことは、かれらの固有の要求を満たすためである（Durkheim, 1893）。

連帯は、同じく政治哲学の中にもはめ込まれる。それは、L. ブルジョア（Bourgeois）の説く連帯主義である。この著者にとって、連帯の概念は、《同胞に対して、全ての人により留意されなければならない義務の概念であると共に、それは、正義の義務よりも広げられ、慈善の義務よりもより明確にされ、より厳格となり、そしてより厳しい義務の概念》として理解される（Bourgeois, 1902, p. 2）。社会的な負債は、個人的に測られるものではない。この負債からの解放という問題を解消するためには、相互性の原則を適用する必要がある。連帯はそこで、国家により管理される社会的なオブリゲーションとなる。それは、再分配の原則のおかげである。

最終的に、連帯は、自発的な歩みの中に組み込まれる。それは、諸個人から発生する。かれらは、社会的な諸関係を転換するために、相互性の関係に責任を負うことを願うのである。連帯は、意識され、選択され、かつまた志向された自由意思の結果として生まれる。そこには、強要は一切ない（Gide, 2010）。この同胞愛が、連合組合と協同組合の中ではっきりと示される。これらの組織は、次のような自由な選択から生じる。そうした選択は、リスクを共有し、利益を分かち合うというメカニズムを、平等な成員間の相互的で水平的な関係にしたがって調和しつくり出すためのものである。

これらの連帯の異なる諸特性は、連帯金融の実践の中で現れる。この連帯金融は第一に、自然な連帯の中に組み込まれる。こうした連帯は、個人的利害の追求という正当性から生まれるものである。この個人的利害は、経済原則（預金の報酬、資金管理者の報酬、ある金融商品に対する商業的な、あるいは改善された金利）を、強い度合の自律や大いに分権化された決定能力によって確立する。連帯金融は、融資が、小さな企業家には適用されないという欠陥を埋め合わせると共に、そうした金融を伝統的な金融市場に統合させることを提示する（Littlefield et Rosenberg, 2004 ; Nimal, 2004）。こうして連帯金融は、資本主義的な力学の中で、ローカルな経済活動をまとめるものとなる。

次いで、社会的正義と政治的連帯というロジックの中で、連帯金融は、国家とのパートナーシップを発展させる。すなわち、金融的ないし技術的な、あるいはまた直接的ないし間接的な支援は、国家や分権化された諸々のレヴェルの組織、並びに地方自治体から生まれる。そして、そうした支援は、このような社会的正義の観点から正当化される。社会的諸問題をめぐる議論の争点に応えるために、国家と地方自治体は、社会的排除と闘う領域において、かれらの権限の一部を連帯金融組織に譲り渡す。このような、諸活動の創出に対する支援措置の権限譲渡により、また、多元的なパートナーシップによる連帯的な投資ファンドの創設により、さらには連帯保証ファンドの形成により、連帯金融の使用は、一般的利益（失業に対する闘い、経済発展など）を提供するものとならなければならない。この結果、そのシステムは、連合のサークルに限られない。それは、全てのサークルに向けられる必要がある。この事実により、提案される諸手段は、純粋に商業的なロジックに組み込まれるものではない。金利はほとんどゼロか、市場のそれより低いかもしれない。同じく、保証のコストも、わずかな金額で手の届きやすいものかもしれない。国家の特権にしたがった一般的利益の充足は、これらの非商業的な権利の取得に関する諸条件を正当化する。その際のコストの一部は、国家により負担されるのである。

最終的に、自発的で入念に選択された連帯に向けてモデルを変えるという考えの下に、連帯金融はまた、金融面での他者性を具体化するものとして現れる。このことは、営利的な金融システムに対抗する。それは、そうした今までの金融システムとは異なる分配や共有の諸規則にしたがうことによって行われる。すなわち、そこでは、わずかな報酬、社会的効用の追求、並びに民主的かつ経営参加的な管理などが示される。例えば、連帯的な投資家クラブは、貨幣的諸条件を提示するものの、それらの条件は、商業的なロジックにしたがうものではない（わずかな金利、個人的保証の欠如）。そうしたクラブは、金融的な諸関係における取引の係わりを転換するという自発的な意志によって導かれるのである。

連帯金融：非伝統的金融における国際的な現実

連帯金融は、国際的な現実である。それは、数年前から世界のいたる所で存在し、かつまた機構的な状況に応じて異なる形態をとっている。連帯金融はさらに、最近の概念化の対象となっていると共に（Artis, 2012 ; Cornée, 2011）、現代の危機が始まって以来、新たな魅力を獲得している。それは、銀行・金融システムの進展に関する問題提起の中に組み込まれる。そこでの議論は、そうしたシステムのモラル化ないしは再構成の両者の間でそれらを結びつけるようになされている。このような状況の中で、他の複数の金融的実践が、何年か前から浮かび上がってきた。それらの実践は、社会的に責任のある投資、倫理的金融、並びにマイクロファイナンスなどである。したがって、これらのアイデアの間で、概念上の境界を際立たせることが重要となる。

概念上の境界

倫理的金融は、《公正》な資本収益を追求する。それは、市場金融における倫理的原則を伝えるために、超金融的な献身の精神に支えられることによってである（Santiso, 2005 ; Roux, 2005）。そうした金融は、商業化された貯蓄商品を、銀行のネットワークと特化された金融会社によって広める。

その際に問題となる争点は、投資の決定を下す上で、金融上の基準を、倫理的かつ環境的な基準、あるいは社会的効用に結びつけることである。倫理的金融を行う中で、我々は、社会的に責任のある投資（l'investissement socialement responsible, ISR）を判別する。それは、社会的に責任のあるファンド（ポジティヴな基準）、社会的排除のファンド（ネガティヴな基準）、並びに証券市場で上場された会社に対する株主の投資を含んでいる（Roux, 2005）。倫理的金融と社会的に責任のある投資は、伝統的な銀行・金融セクターの中に完全に入り込んでいる。超金融的な基準の考慮は、資本主義的管理の原則の変更を伴うものではない。このような展開は、資本主義のモラル化を、金融活動のポジティヴかつまたネガティヴな外部性を考慮することによって促進する。倫理的金融と連帯金融との間の類似性は、両者が連帯的な付加価値を持ったプロジェクトに割り当てられる貯蓄に依存する点に基づく。しかし、こうした貯蓄の利用は、倫理的金融における個人的な貨幣的利潤の追求と、連帯金融における集団的な金融的均衡との間で非常に異なっている。それはまた、それらの間でしばしば矛盾する原則から成り立っているのである。

連帯金融と倫理的金融は、ア・プリオリに非常に切り離されているように思われる。すなわち、金融市場に関する活動の発展は、証券市場に上場されていない個人的ないし集団的な企業のための連帯的な金融システムを設けることと異なる。ところが今日、倫理的金融は、連帯金融組織の中にたくさん見られる。それらの組織は、投資家に対して社会的に責任のあるプロジェクトをつくり上げているのである。

現代のマイクロファイナンスの実践は、営利主義的な銀行システムの枠外のカテゴリーにある人々の金融需要に応じることを目的としている。マイクロファイナンスは推奨され、あるいは批判されもしているが、それは、貧しい人々に向けられる金融として考えられている。マイクロファイナンスは、銀行信用に対するアクセスを容易にするために、わずかな融資額を提示する（Servet, 2006）。マイクロファイナンスと連帯金融の類似性は、公衆と、そうした金融が応じるかれらの資金需要とが一致することによって理解される（そこでの公衆は、職業的な銀行信用にアクセスできない人々である）。しかし、連帯金融は、このような特別な公衆のみに限られるものではない。これらの二つの金融概念は、経済活動のための融資を提供する必要性をめぐって結びつく。ところが、連帯金融は、より大きな統一した融資額、並びに貸付と投資を連関させるより複雑な介入の形態を提示する。さらに、連帯金融とマイクロファイナンスは次の点で合致しない。すなわち、マイクロファイナンスは、必ずしも連帯的であるとは限らない（Guérin et al. 2009）。他方で連帯金融は、必ずしもわずかな融資額であるものでもない。最終的に、これらの連合された協同のサーヴィスは、同じようなものではないし、それはまた、必ずや同一の人々に差し向けられるものでもないのである。

これらの概念の間で、区別されるべき複数の境界線が描かれる。

――融資の使用目的による区別。マイクロファイナンスにおける貧しい人々、倫理的金融のためにしばしば証券市場で上場された資本を持つ企業、そして連帯金融のために割り当てられるプロジェクトに対する支援。

――提供される融資の規模による区別。マイクロファイナンスに関してはわずかな金額、倫理的金融に関しては非常に大きな金額、そして連帯金融に関しては中規模の金額。

――銀行・金融システムに関する問題による区別。マイクロファイナンスのための統合、倫理的金融のためのモラル化、そして連帯金融のための係争。

連帯金融の組織的形態に関して、大きな多様性が国際的レヴェルで存在する。特化された銀行。これには、バングラデシュでのグラミン（Grameen）銀行の例がある。借り手のグループ。これは、トンチン（tontines）ないしはインドにおける《自助グループ（self-help groups）》にならうものである。そして、アフリカで非常に用いられている貯蓄と信用の協同組合がある。

貧民のための銀行：グラミン（Grameen）銀行

グラミン銀行は、次のような状況、すなわち、発展途上諸国において、優遇されたセクター（農業）での信用供与による経済開発政策が窮地にある、という状況の中で出現した。開発銀行は、供与された貸付の返済が困難なことに遭遇した。他方で、信用と貯蓄の協同組合は、その発展が限られていることを経験した。それは、事前の貯蓄のコンディショナリティによるものであった

(Servet, 2006)。我々は、マクロ経済政策のサーヴィスに対して管理された金融から、諸機関のサーヴィスに対して分権化された金融への過渡的段階を確認することができる。

バングラデシュに置かれたグラミン銀行のオリジナリティは、非常に貧しい人々、とりわけ農村社会の只中で生活している女性に対して、統一的でわずかな金額を貸し付けることに貢献する、という点に基づいている。これらの顧客は、資産を持っていないと同時に、銀行信用にアクセスできないのである。グラミン銀行の返済比率は卓越している(九八%)。そこでは、顧客に対して目標が与えられている。グラミン銀行はしたがって、貧しい人に対する貸付で採算が合うこと、また、これによって貧しい人は〈優良な〉借り手ではないという認識に基づく障害を乗り越えること、を示している。個人的ないし物質的な保証がないことに直面して、グラミン銀行は、相互の保証と人々の中にあらかじめ存在する強い連帯に支えられている。それは、リスクを共有し、支払い期日での返済を促進するためである。

グラミン銀行の台頭は強烈であった。それは、一〇年も経たないうちに、私的なイニシアティヴから自律的な銀行へと進展した。グラミン銀行の成功は、《その公衆の間での適合、信用の対象、金融の方法、並びに機構上の企画》に基づいている(Gentil, 1996, p. 122)。グラミン銀行のモデルは、人々によるグループの自発的な形成に基礎づけられている。かれらは、相互の保証と志気を生み出す。成員達は、銀行機関により組織された毎週の会合に参加する義務がある。銀行機関やグループによる監視は、基金提供者の根本原則となっている。さらに、金融商品と目標になる顧客との間の適合性は非常に重要である。そこでの金融商品は、保証のない統一的なわずかな金額の貸付である。それは、農村社会の只中にいる貧しい女性の需要に応じる。こうした顧客のセグメンテーションは、潜在的に強い需要を持った大きな市場の一部を表している。なぜなら、かれらは、伝統的な銀行システムから排除された顧客だからである。

グラミン銀行は、一九七六年に開始されて以来、実習と適応の継続的なプロセスによって進展した。一九九〇年代末に、この事業は、危機の時期を経験した。そこでは、返済比率が低下した。それは、諸地域での洪水のためであると共に、銀行の機能を理由とするものでもあった。したがって、金融サーヴィスのアーキテクチャーは変更された。《グラミン銀行第一世代》は、連帯的なマイクロクレディットに基づく。一方、《グラミン銀行第二世代》は、個人的なマイクロクレディットを用いる。グラミン銀行はそれに順応すると共に、連帯保証を実現する同質のグループの形成は、個人的な貸付の便宜のために消滅したのである。

人々の自律的な組織：トンチンと《自助グループ》

非公式の自律的な組織の諸形態は、長い間にわたって存在している。それは、トンチンが証明しているとおりである。このトンチンは、成員達の貯蓄から生まれる共通ファンドの形成に基づいている。これらのファンドは、そのことに加えて、成員達の意向の下に置かれている。それは、資金収集や特別な分配の規則（無作為や入札など）にしたがう。その規則は、トンチンの各グループによって決定される。トンチンは、連帯金融の非常に古い形態である。というのも、それは、貨幣的諸関係を設定すると共に、成員の間の社会的絆をも生み出すからである。トンチンは、貨幣的諸関係より以前に存在する社会的グループに基づいている。この社会的グループは、私的な領域に属する個人間の絆を伝えると同時に、名誉や権威のような価値のシステムの中に組み込まれる。

連帯金融の組織と実践の広い範囲にわたったまとまりのある形は、トンチンにならって世界中に発展した。それは地域を往復するような現象を伴っていた。H. デロッシュ（Desroches, 1990）が示しているように、このトンチンの実践から生まれた往復的な現象は、北部から南部へ向けたものとして、さらには逆に向けたものとしても展開された。[1] デロッシュは、このメカニズムの持続を以下の二つのことにより説き明かしている。一つは、家族的、親縁的、並びに協同的な絆における貨幣的諸関係の定着である。そうした関係は、成員間の近隣性の異なる度合に応じている。そして、もう一つは、貨幣的関係の個人化である。

南の諸国の場合に、このトンチンのような実践は、《自助グループ（self-help groups, SHG）》と名づけられた、自律的に管理されたグループと共に存在し、インドで現れた。このＳＨＧは、金融の自律的組織の一つの形態である。成員達に対し、かれらの貯蓄を共有させると共に、集団的なファンドの仲介による貸付にアクセスさせることができる。そこでの諸々の規則は、集団で決定される（金利、融資期間、返済方法、貸付の対象）。より大きな融資が必要な場合に、そうしたグループは、貯蓄勘定を自身の名前で開設すると同時に、銀行の顧客ともなる。当該グループは、固有の規則に基づきながら、成員の各々に新たに再分配される貸付全体から恩恵を受ける。その意味で、SHGは、マイクロバンクの役割を演じる。それは、最終的な顧客から生じる諸取引を統御し続けると共に、融資の提供に関する原則と活動から受ける利益の配分方法とを決定するのである。

貯蓄と信用の協同組合

アフリカの連帯金融組織は、世界の他の地域のそれらと異なり、伝統的に貯蓄によるサーヴィスを強調するものである。それらは、地球上の他の地域と比べ、一層多数の貯蓄者を確保している（Lafourcade et al, 2005）。

貯蓄と信用の協同組合は、連帯金庫のように、連合組合ないしは規制された銀行よりも数が多い。そしてそれらは、アフリカの数多くの地域において、連帯金融組織の中で支配的である。これらの組織は、むしろ大きな規模を持っている。この協同組合は、成員達の貯蓄を収集し、それをかれらに貸付として供与する。たとえ、その金融管理が金融機関のそれに近いとしても、そうした組合は依然として、成員達のために、かつまた成員達によってつくり出される組織に留まっている。

絶対的な観点からも、協同組合は、最も増大した貸付残高を持っている。すなわち、そうした貸付は、他の組織によって管理されるものの二倍に近い。それらの協同組合は、伝統的に貯蓄に集中すると同時に、比較的大きい貸付を伴う借り手の数を限っている。これらのアフリカの組織は、かれらの負債の主たる資金源（七二%）として預金を結集する。逆に、他の組織は、よりわずかな貸付と貯蓄の残高を管理し、社会的支援のプロジェクトを優遇する。このプロジェクトは、女性や非常に少ない収入を持った人々のような弱い顧客に照準を絞っている。最終的に、これらの連帯金融組織は、外国人の投資による融資からはそれほど恩恵を受けていない。

結　論

銀行と金融のシステムにおける機構上の進展は、金融の実践を変更した。それは、信用供与、アクセスの条件、並びに金融仲介のリスク管理という点からなされた。しかし、このプロセスは、金融的排除の諸形態をも増したのである。

連帯金融は、融資の社会的諸関係のシステムによって特徴づけられる。そうしたシステムは、貨幣的諸関係と社会的絆とを、まとまりのある全体の中で統一する。古典的な融資関係とは異なり、連帯金融は、たんなる匿名で不確実な商業的取引の関係ではない。それは、金融的諸関係と社会化の諸形態との複合的システムを設立する。このシステムは、信頼の諸関係、フォロー・サポートの諸関係、並びに金融的諸関係によって理解される。連帯金融における諸個人は、ある人達と他の人達との間の異なる関係を結びつける。かれらはこうして、相互に活動しながら全体としてまとまるように行動するのである。

連帯金融は、借り手と貸し手の間の出会いと取引を容易にする。かれらは、とりなしがないままでは取引できない。これらの、金融的諸関係（貯蓄と投資）と表面には出ない社会的絆（借り手達のフォロー・サポート）とは、困難にある公衆に向けた連帯の原則にしたがって、かつまた、非商業的な管理の方法（取るに足らない金利や連帯保証など）によって統御される。連帯金融は、その他の利潤追求によって導かれる資本主義的な金融仲介システムとは異なる。同時にそれは、後者の金融仲介システムを生み出す個人主義のロジックを批判する。連帯金融は、国際的な現実である。それは、世界中で異なる形態をとっている。連帯金融は、たんなる活動に止まらない、それ以上のシステムである。すなわち、そのシステムは、異なる状況の中で形をとるものであると共に、《社会的に位置づけられる》ものでもある。このことは、それらの組織がとる社会的地位、並びにそのような組織的形態の多様性を説き明かすのである。

注

（1）事実、著者は最初のトンチンを、イタリーにおいて一六五三年に遡って見る。それは、後世代の人達のための将来に対する共済的な配慮として登場した。

訳注

〈1〉フランスの著名な社会学者であるP．ブルデューは、権力を文化的かつ象徴的に生み出されるものと捉える。そして、それはつねに、機関や組織の相互的活動をつうじて擁護される。このことが、かれが呼ぶところの「アビトゥス」によって生じる。このアビトゥスは、社会が人々の中に継続的な習性や訓練された能力、並びに構造化された思考という形で据え置かれたものである（http://www.powercube.net/other-forms-of-power/bourdieu-and-habitus/　二〇一五年八月一九日アクセス）。

第二章　今日の連帯金融の概観

連帯金融の諸組織は、正当なものと認められた統計的カテゴリーとしては判別されない。その結果、今のところ、集権化された、かつまた同質化されたデータは存在しない。金融手段の多様な性質（個人的貸付、職業的貸付、資本出資）により、連帯金融は、機構上の異なるセクターの中で分散された仕方で現れる。このことは、連帯金融の研究を難しくさせている。連帯金融は、量的には金融仲介者間の取引の流れと比べてあまり重要でない現象として表される。連帯金融の出現はそこで、まさに金融セクターにおいてさえも議論を引き起こすことになる。

フランスでは、連帯金融は、中断することなく成長してきた過程を示している。連帯的貯蓄は三二・九％の上昇を経験した。これは、二〇一二年初めに約四七億ユーロの収集を伴うものであった。それはすなわち、フランス全体の貯蓄の約〇・一％に値する（Finansol, 2012）。この貯蓄額がたとえわずかなままであったとしても、その成長率は人々に強く訴えかけている。このことは、支払い可能な経済プロジェクトの探求とその融資を行う中で、連帯金融の効用を強調するものである。そうしたことは実に、金融システムの機能に関して批判すべき側面を強く押し進めると共に、古典的な金融により繰り返されてきた金融商品（共有される共通ファンド、ないしは社会的に責任のある投資のような）という観点からのイノヴェーションを提示することによってなされる。しかし、このような連帯金融の占める部分は依然として小さいままである。それは、機構的な状況に応じた連帯金融の諸形態の、標準化、大衆化、あるいは消滅などの事実による。

連帯金融は、世界中の複数の国において、多様な組織的形態の下で現れている。第一に、我々は、これらの連帯金融組織の多様性を分析することにしよう。そうした組織は、近隣性に基づく経済的イニシアティヴを支持するものである。このような多様性は、経済モデルとガヴァナンスを通して理解される。第二の部分で、我々は、連帯金融により設けられる妥協を明らかにする。それは、潜在的に緊張関係を生み出すような諸活動の異なるロジックを組み合わせるためである。

現代の連帯金融：組織的な諸形態と多様な活動

家族の絆や資産を欠いた企業家の金融的排除という事態に直面して、連帯的な融資を行う連合組合的かつ協同組合的な組織が新たに出現し構成された。それらの組織はまず、個人間の、及び非公式の諸関係をめぐって形成された。そのような組織が広まるために、それらは、非個人的な連帯金融の金融商品に姿を転換させると共に、様々な地域をつうじて分散し、さらに、連帯的貯蓄の価値を標準化したのである。

連帯金融をその特性によって性格づける

連帯金融の関係は、他の金融仲介関係の諸形態（営利的、協同組合的、公共的、非公式的、あるいは家族的なもの）と区別される。このようにして、これらの金融的諸関係の分類を、目に見える直接的な判断基準から確立すると共に、的確な方法論を用いることが必要となる（Bouchard et al, 2008）。法制的な形態、管理の自律、並びに成員達の自由意思による参加は、連帯金融を、非公式で、家族的で、かつまた公共的な実践から区別させることを可能にする。金利や保証の要求、利益の集団的な再分配、あるいはまたファンドの共有のような活動と結びついた諸特徴は、金融的連帯の諸形態を説き明かすものである。これらの諸要素は、家族的、公共的（公的な再分配による）、並びに協同組合的なタイプの融資と区別させる。

主たる四つの特性が、諸指標の決定によって経験的に確かめられる。それらの特性は、連帯金融に属する組織を判別させることができる。第一の特性は、集団的関係による金融的性質を明らかにする。この点は、貯蓄の収集、信用の分配、並びにファンドの管理により確認できる。第二の特性は、社会的絆の諸形態に対応する。この絆は、ヴォランティア、個人の全般的なフォロー・サポート、紹介者の動員、プロジェクトを持ち込む者のクラブの運営、ネットワークの使用、事前的かつ事後的な融資の形成、借り手の個人的な追跡調査、あるいは融資を補足するように提案される非金融的サーヴィスの提供などによって理解される。第三の特性は、異なる諸形態（地理的、組織的、機構的、並びに社会的なもの）の下での近隣性である。これは、それらが設置される数と形態（窓口やローカルな支部）、分権化された管理、他の組織とのパートナーシップやそのネットワークの形成（地方自治体、企業、個人による）などによって目に見えてくる。第四の、そして最後の特性は、私的な集団的組織の存在を形式化するような組織的な諸規則に応じたものである。それは、資源と権限の分配に関する規則を伴っている。

社会的経済（協同的、連合的、ないし相互的なもの）の諸々の姿は、非営利主義の原則（民主主義的管理、利益の制約された分配、財政運営上の余剰の配分、〈各人が等しい一票を持つ〉という意思決定の原則）に関して意味を持つと共に、それによって制約される。これらの姿は、営利的、及び公式あるいは非公式な他の金融仲介の諸形態と強く区別される。

——営利的な銀行や金融機関は、商業的な融資関係と利潤の追求を優先する。

——協同組合銀行は、連帯金融のモデルに近い。それは、金融的連帯を促進すると共に、社会的経済の管理に関する原則にしたがうことによってである。しかし、それらの進展は、そうした金融活動における社会的絆の減少となって現れる。例えば、そのような協同組合の管理者達は、もはや信用供与に責任を負うための委員会やその金融活動には参加しない。このことは、融資の決定から一層大きく距離を置くことと、そうした決定の匿名性を導くものである。これとは反対に、かれらは、協同組合による慈善的活動（連合組合への贈与）には参入する。

――公的機関は一般に、国民的な再分配の原則に基づいた、金融的連帯を結集させる活動を表している。それにもかかわらず、それらの機関は、機能に関する諸規則にしたがうと共に、一般的利益の追求という原則に基づいている。

――家族的な、あるいは非公式なタイプの融資は、連帯金融を規定する諸々の特性全体を重んじていない。これらの融資の諸形態は、金融的実践と連帯をつくり出す社会的絆とを結びつける。しかし、それらは、法制的な実体ではないと同時に、必ずしもつねに階層を成すような連帯の諸原則を発展させるものでもない。

多様な組織の諸形態：短期的な資金流通から再金融仲介へ

連帯金融の組織的な諸形態は、それらの仲介のレヴェルによって区別される。

――貯蓄者と借り手との間の短期的な資金流通。これは、連帯的な投資家クラブ（ＣＩＧＡＬＥＳ[1]、ＣＬＥＦＥＳ[2]など）のようなものである。

——連帯金融団体。これは、貯蓄者と借り手との間の仲介のみを提示する（ガリーグ〔Garrigue〕[3]、ネフ、オートノミー＆ソリダリテ〔Autonomie & Solidarite〕[4]など）。

——借り手とファンド出資者との間の仲介的な連合組織（アディ、ＰＦＩＬなど）。

——連帯保証団体（フランス・アクティヴ・ギャランティ〔France Active Garantie〕[5]）。

連帯的な投資家クラブ：貯蓄者と借り手との間の直接的な関係

トンチンから着想を得ながら、連帯的な投資家クラブは、定期的な出資によって家計の貯蓄を直接結集する。それは、集団的な資本を形成すると共に、連帯的な諸活動のプロジェクトに投資するためである。この融資関係は、ローカルなプロジェクトに投資することを願う貯蓄者と、銀行の融資にアクセスできない借り手との間の直接的な関係である。そうした融資関係は、貨幣的な取引関係と社会的絆とを結びつけるものであり、それは、個人間の、あるいは職業間の社会的ネットワークから形成される。このタイプの融資において、クラブの成員達は、知り合いになると共に個人的に企業家をフォロー・サポートする。そこでの金融仲介の方法は、順応性を持った柔軟なものであると同時に、クラブの成員達にも依存したものとなる。最もよく起こることは、そうしたクラブが、企業に対する資本出資による投資を五年間行うことである。それは、一プロジェクト当り五〇〇〇ユーロを下回る投資額を意味する（この金額は目安となる証券の購入に向けられ、それは、成員達の出資金に依存する）。

〈コラム1〉 連帯的な投資家クラブの例

一九八〇年代初めに創設された投資家クラブは、連帯的貯蓄のオールタナティヴかつローカルな管理（CIGALES）のためのものである。それは、当クラブの発展に影響を与えるために、現代の経済的手段を再び我が物とすることを願うオールタナティヴな運動から出現している。これらのクラブは、伝統的な投資家クラブの方向を転換した形態である。かれらは、成員達の貯蓄を結集すると共に、それを資本参加の形態の下で経済的なプロジェクトに投資する。こうしたクラブは、社会的、文化的、さらにはエコロジカルな次元で、オールタナティヴかつローカルなプロジェクトに投資することを選ぶ。それらは、借り手のみならず貯蓄者の近隣性に強く規定される。そのようなクラブは、約五年間という期間でローカルに生き続けるものとしてつくり出される。

この機能は同時に、諸活動をつくり出すための投資家クラブを導いた。それは、事業を起こす女性達のための貯蓄のローカルなクラブ（CLEFE）に見られる。こうしたクラブは、貸付という形の下で介入しながら、諸々の活動をつくり出す女性達のための、金融的かつまた集団関係的な支えとなっている。

連帯金融団体：金融組織、貯蓄者、並びに借り手

連帯金融団体には二つの形態を認めることができる。それらは、資本－リスクの団体と連帯的貸付の金融団体である。

資本－リスクの団体は、より大きな規模を有する連帯的な投資家クラブの複数の原則を再び用いている。それらの団体は、ローカルな貯蓄を収集し、その資本を、創設される企業、発展しつつある企業、あるいは回復の時期にある企業に出資する。そうした団体は、経済活動による社会的編入、エコロジー、公正貿易などのような、具体的な社会的効用を有するプロジェクトに融資する。かれらは、経済生活に参加することを志願し、また、自分達の貯蓄行動の変更を願う市民らを動員させるはけ口となる。貯蓄者と借り手は離れた人々である。しかし、かれらは、社会的あるいは倫理的な親近性という感情によって結びつけられる。これらの組織は、金融仲介者の役割を持つ。それは、貯蓄者と借り手との間の融資関係が、組織の仲介のおかげで存在する、という意味においてである。

〈コラム2〉連帯的な資本‐リスク団体の例

ガリーグ（Garrigue）は、オールタナティヴ経済のネットワークから発するもので、連帯金融団体であり、シガル（CIGALES）の継続的な運動に組み込まれている。それは、一層大きな融資のキャパシティに対する金融手段をつくり出すことによってである。これらの資本‐リスク団体による融資は、社会的に責任のある企業に向けられる。それらの企業は環境的、社会的、並びにオールタナティヴな多くの側面を強く伴う。この組織は、国民的な影響力を持っている。なぜなら、それは、貯蓄をフランス全体の規模で収集するからである。

フィナン・シテ（Finan Cités）〈6〉は、マイクロファイナンスのネットワークに組み込まれることによって一つの金融手段と化す。それは、脆弱な地区に設けられるか、あるいはそれらの地区から生まれる企業家によって統御されるような、発展途上にある経済活動のプロジェクトをフォロー・サポートするためにつくり出される。この組織は、そうした企業の自己資本に投資するか、もしくは資本参加的な貸付を行うことによって投資する。この融資は、個人化された直接管理によるフォロー・サポートと、独立したコンサルタントとを対にするものである。

資本－リスク団体のエリコア（Herrikoa）〈7〉は、ローカルな貯蓄を集める目的でつくり出された。それは、バスク（Basque）地方のプロジェクトと企業に融資するためのものである。同団体は、バスク地方での雇用を維持することを目的としている。それは、極小企業、及び中小企業に適用される融資を提示することによって実行される。それらの企業は、職人的・商業的活動、またサーヴィスあるいは産業の活動を伴う。このような組織は、バスク地方の中で強く定着している。それは、アイデンティティを表す貯蓄を結集することによって、また、唯一その地域に関するプロジェクトに融資することによって、さらには、「社会・連帯経済（ESS）」と企業家に対するフォロー・サポートに関したローカルなネットワークに参入することによって行われる。

連帯的な貸付から成る金融団体は、社会的に責任のある諸活動（エコロジー、経済活動による社会的編入、文化など）の創出と発展を維持することを目標としている。それらの団体は、連帯的な貯蓄を定期預金通帳によって収集すると共に、その社会的な部分を民間と機関の投資家達に売却する。

その融資関係は仲介的である。すなわち貯蓄者は、組織をつうじて、借り手と直接的なコンタクトを持つことができる。そしてかれらは、自分達の金融資産の管理を、連帯金融団体に委任するのである。

借り手の選別は、金融の基準を、倫理的かつまた環境的な基準、あるいは社会的効用の基準と結びつけて行われる。他方で、貯蓄者達は、連帯的な貯蓄商品の報酬の一部を、かれらの選択した連合組織に再分配する可能性を持っている。

これらの団体は、分権化された管理に支えられている。そうした管理の中で、市民は、貯蓄者かつまた投資家として意義づけられる。それらの団体は、政治的、宗教的、あるいは共同体的な運動から生まれながら、その影響の及ぼす範囲を少しずつ広げる。同時にかれらは、その資本を公衆の投資家に開放したおかげで組織化され、さらに、その発展を保証するために銀行と重要なパートナーシップを結んだ。例えば、オートノミー&ソリダリテ（A&S）は、協同信用金庫（Credit co-opératif）に加入している。

〈コラム3〉連帯金融団体の例

ネフ（La Nef）は、連帯的な協同組合的金融団体である。それは、貯蓄者に対し、かれらの貯蓄が透明性が高く、奉仕的な目的のために使用されることを提示する。かれらは、預金通帳のおかげで貯蓄を運用できると共に、社会的負担の分を購入することによって、その組織自体に投資できる。この金融組織は貸付によって、環境的、社会的、かつまた文化的な側面を強く持つようなプロジェクトに対して融資を行う。そうした組織は、貯蓄者と借り手との間の絆を強めるものである。

オートノミー&ソリダリテは、フランス北部に設置された協同組合的金融団体である。その活動資本は、個人、機関投資家、並びに他のパートナーの貯蓄から生まれる。同団体は、経済活動による社会的遍入を促すことを目的とした経済プロジェクトに対して融資を行う。かれらは、資本参加によってだけでなく、経常勘定での出資と貸付によっても介入する。同団体は、その活動領域に関して、非常にしっかりと根をおろすと共に、個人の投資家と金融が行われるプロジェクトとの間の絆を助長するものである。

パ・ド・カレー県北部連帯金庫（Caisse solidaire Nord-Pas-de-Calais）は、金融仲介者である。それは、連帯的な貯蓄を預金通帳勘定により収集する。同団体は、パ・ド・カレー県北部の地域に関して導入されたプロジェクトに対して融資を行う。このプロジェクトは、雇用を促進すると共に、社会ないし環境に関する究極の目的を持っている。

マイクロクレディットの連合組合組織

マイクロクレディットの組織は、連合組合である。それらは、わずかな統一的金額の貸付を、個人的な出資を受けることがなく、銀行信用もなく、さらには十分な個人的保証もないような人々に対して給付する。それらの組織は、選別やフォロー・サポートを行いながら、借り手達と直接に相互の活動を行う。フォロー・サポート及び連帯保証は、借り手の選別とかれらのコントロールの主要なメカニズムである。

これらの連合組合組織によって貸し付けられるファンドは、公的ファンドと同じく、かれらの自己資本や民間のファンド（それらは、銀行ネットワークにより供与される信用ラインないしは贈与のようなもの）から生まれる。このような連合組合は、かれらのパートナー達によって指令される。それは、社会的かつ金融的な原則にしたがって、これらのファンドを管理するためである。その反面、それらの組合は、貯蓄を必ずしも直接には収集しない。同時にかれらは、連帯的な貯蓄者と直接的関係を持たない。したがってそこには、借り手と貯蓄者との間の関係はない。

〈コラム4〉マイクロクレディットの連合組合組織の例

経済的イニシアティヴを享受する権利のための連合組合（L'Association pour le droit à l'initiative économique, Adie）は、フランスにおけるマイクロファイナンスを発展させるような非営利的な目的を持った連合組合である。それは、困難にある人々に対してマイクロクレディットを提供する。そうした人々は、経済活動をつくり出すことを選んだ人達である。提示された金融サーヴィスの供給は、マイクロクレディットの複数の性格（小さな金額、わずかな期間、銀行から排除された公衆）を取り戻している。そうした連合組合はまた、地域全体に関するマイクロプロジェクトを維持させることによって、個人的な企業のイニシアティヴを容易にするためであることを謳っている。それは同時に、マイクロ企業家に対して特別なフォロー・サポートを提示するものである。

フランス・イニシアティヴ・ネットワーク（France Initiative Reseau, FIR）[8]は、ローカルなイニシアティヴの基本方針（ＰＦＩＬ）の領域で設けられることを助長する。このＰＦＩＬは、極小企業や中小企業の諸活動をつくり出す者に対するマイクロクレディットを、金利も保証もない貸付と同じように提示する。それは、能力を発揮するヴォランティア達を動員することによって、企業家達をその創立の展開の中でフォロー・サポートする。このＰＦＩＬは、パートナー達の間におけるリスクの共有メカニズムに組み込まれる。それらのパートナーの中で、地方自治体が大きな重みを持っている。

連帯保証団体

連帯保証団体は、地方自治体、ローカルな企業、並びにローカルな銀行の間のパートナーシップを基盤につくり出される。かれらの管理は分権化されている。また、そうした連合組合組織は、私的なファンド（贈与、メセナ）と公的なファンド（補助金）を結集することによって、それを機能させていく上でのコストの引上げを受入れることができる。地方自治体の参加は一方で、かれらのパートナーに対し、その活動能力を倍増させることで保証ファンドを維持させるように促す。他方でそうした参加は、補足的な貸付のためにテコの効果を助長する。このような融資関係は三角関係を表す。なぜなら、それは、借り手、融資者、並びに保証人を介在するからである。

〈コラム5〉 連帯保証団体の例

フランス・アクティヴ・ギャランティ（France Active Garantie, FAG）は、一つの金融団体であり、フランス・アクティヴの連合子会社である。それは、保証の異なる諸形態を管理している。それらは、保証の公的手段（例えば、保護されている仕事場の発展のための保証ファンドがある。これは一九九六年に、ハンディキャップのある人々の雇用を後援する仕事場のためにつくられた）、並びに個人的な保証のない人々（経済活動を行うクリエーター、失業者）や、あるいは連帯的な企業（保護された仕事場や社会的編入の企業など）のための特別な手段である。フランス・アクティヴが仲介する利害は、プロジェクトの永続性を三つの段階で保証することである。第一段階で、保証の業務機構は、このプロジェクトを査定する。次の段階で、公的かつ私的なファンドの結集が、パートナーシップをつうじてプロジェクトに対する信用供与を可能にさせる。そして最終段階で、保証のファンドは、監視活動を容易にさせると共に、このプロジェクトを企てる人の銀行勘定に対する日和見主義的行動を減少させるのである。

貸付のロジックから貯蓄のロジックへ

連帯金融組織の異なる諸形態を、融資の受取人、ファンドの出自、並びに仲介の程度にしたがって比較することがふさわしい。組織上の諸形態は、異なる活動の諸々のロジックを表している。それらのロジックは、金融関係に対してインパクトを持つものである。

連帯金融の数多くの組織は、主として連合組合ないし協同組合の形態の下に、その社会的経済における地位を利用する。このような選択は、共通の価値の共有、非商業的かつ非貨幣的な資源を結集する可能性、金融活動の非営利的性格、並びにかれらのプロジェクトをめぐって共同参加する集団（企業、貯蓄者、資金利用者、自治体など）を寄せ集める可能性によって理解される。一九〇一年の法でつくられた連合組合が、量的に多数派である（それは、フランスを通して約三〇〇の組織を持っている。そのうち、二三六がＰＦＩＬ、四〇がフランス・アクティヴやアディの地域ファンドなどである）。連合組合の社会的地位を選択することは、三つの主たる理由による。それらは、管理の柔軟さ、非営利的な目的、並びに贈与あるいはヴォランティアのような民間の非商業的資源かつまた補助金のおかげによる公的な非商業的資源にアクセス可能なことである（Ferraton, 2001b）。しかし、この地位は、金融セクターの中で可能な活動を制限している。つまり、一九八四年の銀行法の第一一条は、非営利的な目的を持った業務機関に対し、唯一かれらの自己資本に関して、社会的な動機を持った信用を分かち与える権限を付与した（Ferraton, 2001a）。匿名的で、営利的ないしは協同組合的な団体の社会的地位は主として、一定の大きさの投資団体によってよく利用されている。それらが協同組合的な形態をとる場合に、そうした組織は、集団的、民主的、並びに非営利的な仕方で管理され

表2-1　現代の連帯金融組織の諸形態

諸形態	融資先	ファンドの出自	融資関係の性格	連帯金融の機能
連帯的投資クラブ	ローカルな活動の創立者 連帯的企業	投資家 個　人	借り手と貸し手の直接的関係	融資関係の枠組の設定
連帯金融団体	ローカルな活動の創立者 連帯的企業	個　人 投資家 機　関 銀　行 企　業 地方自治体	借り手と貸し手の仲介的関係	融資関係の仲介
マイクロクレディットの連合組合的組織	社会的・職業的に編入される状態にある人々	国　家 地方自治体 銀　行 企　業	借り手と貸し手の関係の欠如	融資関係の創出
連帯保証団体	連帯的企業	個　人 投資家 機　関 銀　行 企　業	中心人物間の関係の欠如	融資関係の保証

る。

融資に関して、連帯金融の主たる諸活動は三つのグループに分類できる。それらは、貸付活動、自己資本あるいは準自己資本への投資活動、並びに連帯保証活動である。

貯蓄に関して、その結集については二つの手順が共存している。第一の手順は、個人や機関投資家から生まれる貯蓄を、貸付に転換させるために直接収集する。一方、第二の手順は、貯蓄を収集しないが、第三者の勘定のために金融的運用、公的あるいは私的な貯蓄の再分配、並びに信用ラインから生じるファンドを管理する。私的な貯蓄にアクセスすることの制約は、連帯金融が、銀行によって伝えられる金融・銀行サーヴィスの全体を必ずしも供給できないことを意味している。連帯金融は唯一、定期預金、すなわちブロックされていると共にわずかしか流動的でないような預金を管理するのである。

連帯金融はまた、金融的諸関係のシステムに、フォロー・サポートをはめ込むことによって特徴づけられる。このことは、全体的かつまた積極的なプロセスである。その中で借り手は、複数のテクニックに完全に組み込まれると共に、それに慣れさせられるように養成される。それらのテクニックは、資金需要と資金供給の一体化、決定力と交渉力への支援、情報手段の標準化（ダッシュ・ボードや取引プランの作成）の形成などである。まず、このようなフォロー・サポートは、個人的ないし集団的な会合の形をとる。この会合は、組織の任命者と借り手との間で行われる。それは、選別の基準と融資の条件を伝えると同時に、それらを明確にするためである。次いで借り手は、そのプロジェクトの中味を、法令で示された仕方によって表さなければならない。この法令化は、仕事の計画書あるいは管理の一覧表のような、標準化された書式の使用によって実現される。この段階で、任命者は、借り手をフォロー・サポートすると共に、かれらをパートナー達（紹介者、仲介者、とくに補足的な融資のためのパートナーとなる銀行）に紹介し推薦する。この段階の間、借り手のモティヴェーションと参加意識は、強く懇願されると共に試される。その際のフォロー・サポートは、生み出される情報を集成し、総括した書類の作成に至る。このような書類の集体成は、責任を負う委員会の前で表示され、そこで融資の決定が、借り手の与える情報と任命者の評価に応じてなされることになる。その際に融資が拒絶された場合は、総括的書類を変更して融資の需要を刷新することができる。一方、合意した場合には融資する資金が支払われる。こうして、借り手とその活動を追跡する行為が設定される。それは、定期的な会合、集団的な会議、創立者のクラブへの参加、並びに事業に対する後援などの形態の下に行われる。このような追跡は、活動に関する金融情報、並びに借り手によって用いられる管理を評価するための商業的情報の入手を可能にするのである。

連帯金融の組織的諸形態の比較

我々が見たように、非常に多様な組織が連帯金融の領域に投資してきた。これらの組織的な選択は、経済モデルと特殊なガヴァナンスに明確な姿を与える。

共通の組織上の原則

連帯金融は、集団的なアクターのロジックにしたがって組織される。このロジックは、社会・連帯経済の価値と基盤の上で同一のものとなる（ただし、その度合は異なる）。

連帯金融組織は、非営利主義の原則を大半は尊重する。この原則は、協同組合かつ連合組合の団体規約の中に組み込まれると共に、他のアクター達（投資家クラブないしは地域の資本－リスク団体）の実践の中で現れる。非営利主義が団体規約の中に組み込まれないときは、このような実践が、難点（利潤がない、したがって蓄積できないというような）、あるいは選択（利益を共通のファンドないしは新たなプロジェクトに再投資するというような）の下で施行されているかどうかを問わねばならない。

民間のパートナー（銀行、民間企業）や公的なパートナーを動員することは、連帯金融の社会政治的かつまた社会経済的な規定による枠組を確証することになる。これらのパートナーの動員は、フォロー・サポートやリスクのコストをカヴァーするために、公的かつ私的な資源へのアクセスを可能にする。また、こうしたパートナー達は、融資の決定において妥協が新たに現れることを促す。このことは、リスクをとることを容易にする。例えば、銀行組織によっては融資されないプロジェクトも、連帯金融と銀行組織の両者によって融資されることが可能となる。これらのパートナーは、連帯金融を流布させると共に、公衆を最も良く理解することができる。かれらは同時に、連帯金融組織の職業化に向かって、並びに銀行業に近い仲介、すなわち、銀行組織に対する補足的活動としての位置づけに向かって協力する。企業の創設に対する支援の公的な対策（EDEN、[9] ACCRE）[10]、あるいは、近隣の貯蓄を結集することを有利なものとする税制上の優位性（近隣の投資ファンドや課税の控除など）をつうじて、地方自治体や国家は、失業に対する闘いのためのイニシアティヴを確立することに参画する。国家の支持は、すでに一九世紀における協同組合銀行の組織化に現れていたとしても、そのことはまた、現代の連帯金融の組織化にも見られる。実際に、かれらの介入は、預金金庫をつうじた参入の形をとるにせよ、また、諸成果に対して償還を伴う補助金の形をとるにせよ行われている。国家は今日、連帯金融に対して投資のロジック（金融的協同組合の機関投資家としての）の中で位置づけられるか、あるいはマイクロクレディットの連合組合に対する金融サーヴィスの指令者として位置づけられる。

経済モデルとガヴァナンスの点での比較

連帯金融組織の中で、複数の経済モデルが可能となる。

――貯蓄の共通ファンドの創出による、リスクと利益の共有モデル。このファンドの創設者は、貯蓄と信用の協同組合にならって、完全に自律的な状態で割当てを決定する。

――異なる性質から成る諸活動の間の調整モデル。これらの活動は、集権化され、かつまたヒエラルキー化された同じ組織の中でのものである。この組織は、株主により保有されるもので、信用機関ないしは特化された銀行の支部として存在する。

――商業的資金と非商業的資金（私的かつ公的な贈与）の合成モデル。これは、仲介者により管理されるファンドを成すことができる。そうしたファンドは、仲介組織自体には参入できないような借り手－受益者に向けられる。この仲介組織は、ファンドの贈与者や他の出資者を、マイク

表2-2　経済モデルとガヴァナンスの比較

	活　動	モデル	ガヴァナンス
連合組合	全般的なフォロー・サポートにおける金融サーヴィスを提供	商業的かつ非商業的な資金の合成	共同参加する集団と査定者の間の経営参加的民主主義。そこには借り手としての利用者は含まれない
貯蓄と信用の協同組合	成員に対する貯蓄と貸付の活動	リスクと恩恵の共有化	貯蓄者，所有者，並びに協同組合の利用者の間の経営参加的民主主義
職業化された銀行	銀行と金融のサーヴィス，規律化された活動	手段の共有化と活動の調整	資本の割合に応じた株主の権限のヒエラルキー原則
一般的な銀行の専門化されたサーヴィス	顧客のセグメントに適用される古典的なサーヴィス	手段の共有化と中核となる団体との間の活動の調整	ヒエラルキーの原則。中核となる団体による支配を表し，共同参加する集団を有利とした比例的な権限を持つ

ロクレディットの連合組合のように再グループ化する。

連帯金融組織は、以上の三つの基本的なモデルをめぐって設立される。それにもかかわらず、これらの形を混ぜ合わせた、より複雑な結びつきが存在する。

連帯金融における活動の異なるロジック

銀行のもたらす関係はしばしば、顧客と、顧客に責任を負う者すなわち銀行との間の双方向的な関係である。この関係は、客観的に現れるプロセスに支えられている。それは、標準化され、かつまた一体化された手続きを利用するおかげである。そうした手続きの利用は、強い度合の匿名性を意味している。これとは逆に、連帯金融による融資関係は、集団的関係を表す。それは、借り手が、複数の交渉相手といっしょに相互的な活動を行う、という意味においてである。こうした関係は同時に、借り手のフォロー・サポート、書類の設定、並びに信用委員会による書類の選別などが行われるときに現れる。これらの行為の諸段階は、異なる個人や組織を再グループ化させながら、融資関係の個人化に関与するものである。

信用供与の決定が集団的に行われるプロセスの中で、異なるパートナー達の利害の対立が、融資の決定を妨げることがありえる。では、いかにしてパートナー達をコーディネートさせるのか。また、いかにして連帯金融は、これらのロジック間における支配的な緊張という状況の中で、そのようなまとまった機能を強めるのか。このプロセスを安定させるものは何か。連帯金融は、共同参加する集団を動員し、かれらは多様な姿を表すことができる。そこでは、そうしたプロセスの安定のために妥協を図る必要がある。

共同参加する集団に対する金融

連帯金融は、それに共同参加する集団の存在によって特徴づけられる。かれらは、連帯金融組織の活動とガヴァナンスに影響を与えるのである。そうした集団は、貯蓄者、銀行のパートナー、地方自治体、ヴォランティア、並びに賃金労働者から成る。

個人的な貯蓄者、企業、並びに国家は、連帯金融に異なる理由で投資する。すなわち、かれらの投資は、自律的な雇用と職人的活動の創出を容易にする。それは、人々の社会的かつ職業的な編入を助長するためである。また、そうした投資は、集団的組織に融資すると共に、かれらの経済的かつ社会的な利害を明らかにする。さらに、このような投資は、住民のための近隣のサーヴィス供給を維持すると同時に、地域の特殊性を、経済的関係のグローバル化と非個人化の増大に対抗することによって守る。これらの共同参加する集団は、個人かつまた集団の富の創出を促進すると共に、社会福祉への参加をも促す。そしてこのことは、当該セクターの経済的発展性という条件の下で行われる。しかし、それらのガヴァナンスと金融において、すべての者が必ずしも同じ重みを持っている訳ではない。銀行や国家との関係は、連帯金融に対して一層の影響力を持っている。例えば、国家は、公衆（雇用の需要者、若者、あるいは女性）の側でセグメンテーションを促した。他方で銀行は、情報の取扱いに関する職業化を引き起こしたのである。

報酬と社会的希求を結びつける新たな貯蓄行動

連帯的な貯蓄を行う者は、その貯蓄を連帯金融に投資する。それは、そうした連帯金融の価値のシステムに見合った経済活動（環境に関する活動や社会的編入など）を維持するためであると共に、その貯蓄の使用を見守るためでもある。これらの動機は、グローバル・システムに対抗する責任を表明するものとなる。

連帯的な貯蓄商品に投資するという選択を通して、貯蓄者は、その経済的要求を蓄積と倫理の点で満たす。なぜなら、貯著者は、その貯蓄を連帯的かつ集団的な次元を持ったプロジェクトに向けるからである。このような貯蓄は、貯蓄者のための、また第三者のための、さらには全体的な経済システムのための富をつくり出すことを使命としている。連帯的な貯蓄者は、かれらの貯蓄行動を再規定する。それは、ローカルで小規模な経済活動の創出を考慮したものである。このことは一方で、かれらの資本と、その結果生じる収益を保証し、他方では、集団的な福祉に参入することによって行われる。

蓄積により動機づけられる伝統的な貯蓄は、主として時間に対する関係（引き延ばされた消費）にしたがって規定される。これに対して、連帯的な貯蓄は、集団的福祉との関係で理解される。後者の貯蓄は、融資の需要に応じると共に、異なる個人間の絆をつくるように試みるものである。

このようにして、連帯的な貯蓄者は、その貯蓄を連帯金融組織と共同で管理する。この組織は、貯蓄を第三者すなわち借り手である企業家に向けるためのものである。このように、両者が接点を持つことによって、貯蓄者は複数の動機に応じ、その貯蓄を運用する（直ちに行う消費を引き延ばす）。このことは、将来の利益を見越して行われ、また、かれらは、連帯金融の価値のシステムに応じた経済活動を維持しようとする。さらにそうした貯蓄者は、かれらの貯蓄の使用を見守ることができるのである。

連帯金融と銀行との間における
パートナーシップの諸形態

銀行のネットワークは、連帯金融を支えることによって複数の目的に応じる。そうしたネットワークは、リスク、管理コスト、並びに借り手のコントロールの一部を外部化する。それらのネットワークはまた、潜在的に収益のある市場を設立するために、新たな顧客を見出す。そして、そのようなネットワークは、社会的な諸問題と再び結びつくのである。

連帯金融組織に対する銀行の係わりは、そうした組織にしたがった異なる諸形態の下で生じる。すなわち、そのような係わりは、組織への加入、組織の経営上の審議や戦略的方向づけへの参加、責任のある委員会への協力、特別な貯蓄（連帯的な運用と共通ファンドの共有）による新たな銀行商品の設定、ファンドの形成、出資の分担、信用ラインの開設、並びにプロジェクトの共同融資などで表される。

これらの異なる性質から成る諸関係は結びつき、一体化され、機構的、技術的、並びに金融的なものになりえる。機構的な諸関係は、連帯金融の組織と銀行との間のパートナーシップの形成において、ファースト・ステップとなる。それらの関係は、組織間の識別と相互的利害によって実現される。そうした諸関係は、メセナ、金融家の贈与、並びに技術的な後援などの形をとることができる。それらは、銀行が連帯金融組織に対して、責任を完全に負うことなしに好意的な姿勢をとることを象徴するものである。

技術的な諸関係は、連帯金融組織のサーヴィスに対する、銀行の技術的かつ人的な手段を意のままにすることによって実現される。すなわち、このことは、事業処理部門の管理、協力者の形成、並びに事務局の仮設や貯蓄商品の管理（例えばパ・ド・カレー県北部連帯金庫と協同組合信用金庫の間で行われる）だけでなく、人員ないし設備の自由な利用をも表している。これらの繰り返される出会いは、能力のトランスファー（一方的かつヒエラルキー的な係わり）と集団的学習のプロセス（多元的かつ相互的な係わり）の要因になりえる。

金融的諸関係に関して、それは、貯蓄ないし信用ラインの形態の下で、金融資金の出資により具体化される。そうした出資は、連帯金融組織による再金融を可能にするためのものである。このような金融関係は、経済活動と結びついたリスクをカヴァーするための保証メカニズムによって、また、管理コストに対する金融的参加によって完成される。この関係は同時に、収集された貯蓄を運用することによって出現しえる（例えば、ネフと協同組合信用金庫の間で現れる）。

連帯金融と協同組合的な銀行ネットワークとの間に存在する密接な関係は、部分的には、それらの歴史と共通の価値の共有によって生じるものである。協同組合銀行は、その特殊性（諸個人の団体や社会的活動への利潤の再投資、地域とのつながり、パートナーシップ的ガヴァナンスなど）を、連帯金融によるパートナーシップや融資をつうじて再確認する。このような、協同組合銀行と連帯金融組織との間の類似した関係は、複数の要因で説き明かされる。ある研究者（Taupin et Glémain, 2007 :

Richez-Battlesti et Gianfaldoni, 2006）は、協同組合銀行における信用活動の大衆化が、一定の信用活動の外部化を伴うことを示している。言い換えれば、協同組合銀行は、満たされない借り手（二〇年以上前に融資されたかもしれない借り手）を、連帯金融のようなその他の金融組織に向かわせる。しかし、それにもかかわらず、協同組合銀行は、連帯金融のセクターが、同じファミリーに属することを認める。社会的経済の財政的後援者から成る協同組合銀行は、一九世紀の民衆に対する信用の経験から生まれた。同時にかれらは、連帯金融と協同組合銀行との間に補完的関係が存在することも認識するのである。

これらの関係は、連帯金融組織の機能において、協力によるつながり、並びに金融活動における権限の委任によるつながりを各々表している。実際に銀行は、融資の提供を決定する委員会において、かつまた、しばしば決定機関（行政ないし指令の審議会）においてさえ、代表的な役を体現している。このような銀行の参入は、相互の学習プロセスを導くと共に、連帯的組織の職業化を増大させることができる。贈与、信用ライン、並びに直接投資（金融会社に対する資本参加、あるいは金融ファンドの供与）により、銀行は、融資の提供に対する支払いの可能性、かつまた連帯金融組織の永続性に関する事柄に参入する。これらの関係は同時に、連帯金融組織に対し、かれらの選別基準をよりよく規定させるように導くと共に、かれらを取り巻く公衆の的を、補完性と銀行融資に向けたテコの論理の中で絞り込むように導く。

資本参加と信用契約は、組織の側が責任を負うことを伴う。そこでは、二つの組織の代表者と賃金労働者が出会い、そしていっしょに働くように導かれる（融資の決定、訴訟のケースでの書類の調査、評価などにより）。パートナーシップの組織的な規模は、そうした機構の仕事の構成を変更させる。すなわち銀行は、新たな顧客の管理を学ぶ。他方で連帯金融は、その専門的査定を発展させると共に、選別とコントロールのテクニックを改善する。それらの仕事は、各々の補完性に応じて再び活気づく。銀行は、顧客の勘定を管理する一方、連帯金融組織は融資の展開を追うと共に、顧客をかれらの銀行との関係においてフォロー・サポートする。連帯金融組織は、借り手と銀行との間を関連づける役割を演じる。このようなパートナーシップ関係は、異なるアクター――銀行、借り手、並びに連帯金融組織――の社会的地位に相応する体裁を変えさせると同時に、新たな信頼関係を確立することができる。

貯蓄活動に関して、銀行は、連帯的ないし慈善的な貯蓄を収集し、それを連帯金融に再分配する。融資活動に関して、連帯金融は、借り手が銀行機関に向かう前に、かれらを選別しコントロールする。こうした分業は、借り手である顧客のセグメンテーションを確証するように思われる。それは、借り手のプロフィールやリスクのレヴェル、並びにかれらの有する資源に応じて行われる。これらの戦略は、セクターごとのロジックという枠組の中で増大する特化と統合の動きに向けて進展する。こうした相互活動が、二つのセクターの間の実践と代表者の収斂に関する仮説を有効なものと認める。それらの活動はまた、連帯金融と銀行との間に相互依存関係が存在することを示している。それは、連帯金融のために利用可能な資金を保証するためであり、また、銀行にとってのリスクの外部化という戦略を有効に使うためでもある。これらの戦略は、特有な形を成している。例えば二つの異なる銀行ネットワーク（郵便貯蓄金庫とＢＮＰパリバ）を持ったアディの慣習に関する分析は、これらの銀行の意味内容が等しくないことを示している。すなわち、郵便貯蓄金庫は、ＢＮＰパリバに比べて、より大きな、かつまた多面的な責任を負っているのである（Malo et Lapoutte, 2002）。

地方自治体と公的アクターの支持　連帯金融における地方自治体の深い係わりは、地域の発展に参加し、また、課税や補助金とは異なる新しい活動の形をつくり出したい、というかれらの意思によって動機づけられる。

地方自治体は、連合的かつ協同的な金融組織の創設と管理に対して投資する。それは、地域に根ざした活動に提供する融資を準備し、また、地域の貯蓄を結集し、さらに、そうした活動をつくり出すために新たな活動のテコ（課税以外の）を生み出すためである。こうして、ラ・メトロ[11]（La Metro）、すなわちグルノーブル市のコミュニティは、連合組織をつくり出す要因となる。この連合は、フランス・イニシアティヴのネットワークによる地域のイニシアティヴに関する基本方針（失業者であるクリエーターのための）、並びに社会・連帯経済（l'économie sociale et solidaire, ESS）の組織のためのフランス・アクティヴ[12]による地域ファンドを再編しながら遂行される。市町村のコミュニティはしたがって、地域に関する連帯金融をダイナミックに提供することを、地域の協同組合銀行に支持されながら大々的に組織しようとするのである。

こうして、地方自治体は地方組織の創設に参入する。これらの組織は、地域の発展を促す。それは、地元企業に融資するための集団的ファンドを支援し、かつまた、それらの組織の政治的な決定機関に参加することによって行われる。

連帯金融における緊張と妥協の間で

相互銀行組織による信用供与に関する諸々の研究は、すでに《規模の経済の理論モデル》を結集しながら実現されてきた。それは、L. ボルタンスキ（Boltanski）とL. テヴノ（Boltanski et Thévenot, 1991）によって発展した。これらの研究は、信用の各々の決定が、正当化を試すテストであることを示している。そうしたテストの中で、借り手の質に関する判断が議論された（Wissler, 1989）。その際に研究者（ウィスラー）は、二つの局面、すなわち評価と診断という局面を解読した。それらの局面は、異なる二つの世界である家族と産業の世界に帰属する。

実際に、信用の決定は、貸し手が直面しなければならない不確実性という状況の中に組み込まれる。この不確実性が、直接的な結果として、信用の決定を動機づけることになる。それは、合意、変更（金利の引上げ、補足的な保証の要求、貸付額の減少）、あるいは信用の拒否などで表される。これらの全ての場合に、信用の決定は、二重の理由で正当でなければならない。それらの理由は、信用の目的と決定の根拠を示している。

連帯金融において、異なる諸々の世界が、信用を正当化するために対立し合う。

――商業の世界。これは、市場と価格によってコーディネートされ、貨幣的関係において理解される。

――家族の世界。これは、個人的関係とヒエラルキー的関係の上に打ち立てられ、信頼によって実現される。

――産業の世界。これは、経済活動と標準化され客観化された関係を中心に据え、技術的な手段の上に築かれる。

――市民の世界。これは、特異性や特殊性を乗り越える一般的な意志を表すと共に、法制的規律によってコーディネートされる。

家族の世界において、債権の質の評価は、借り手の個人的な価値、かれらの所属する集団との絆、並びに保証（連帯保証は、推薦あるいは紹介の代わりとして要求される）をもたらす近親者の質に基づいている。それは、借り手を、その取巻きに依存させることになる。商業の世界は、専ら利潤を追求することに基づく。このことは、非営利的組織の形や資本を持っていない人々を排除することによって遂行される。産業の世界は、その手段の正当性と標準化によって特徴づけられる。それは、よく練り上げられていないか、あるいは標準化されていないような融資の需要を取り除くものである。最終的に市民の世界は、融資の選別において、経済的基盤を犠牲にしながら政治的ロジックを優先する。

これらのボルタンスキとテヴノにより展開された四つの世界は、したがって連帯金融により行われる融資の決定において結びつく。営利的な活動（商業の世界）のための信用が重要なのか。家族の資産（家族の世界）を永続させるための信用が重要なのか。雇用をつくり出すこと（市民の世界）が重要なのか。生産手段の効率を改善すること（産業の世界）が重要なのか。これらの活動のロジックは結びつけることができると共に、それらは金融関係を改善することができる。しかし、それらのロジックはまた、全ての決定と活動とを妥協させながら矛盾した事態をも引き起こせるのである。

連帯金融におけるこれらの世界の結合は、融資に対するアクセスを有効に拡げることができる。家族の世界は、信用に対するアクセスの機会を改善する。それは、借り手の社会的関係の質のおかげである。また、産業上の対策は、信用に対するアクセスのより一層の平等性を提供すると同時に、信用のより大きな配分を保証する。それは、標準化された匿名的な関係による縁故主義や地域主義に直面して行われる。他方で、商業の世界は、個人のイニシアティヴと自律を促す。信用の決定における市民の世界の導入は、金融関係における特別な利害を乗り越えさせる。それはまた、集団的な共有財を追求する上で連帯の原則を設けさせることができる。市民の世界による判断は同時に、グループの全ての成員の扱いに関して平等性を保証する。そこでは、かれらの血縁関係や物質的条件は大して重要でない。そうした世界は、優先主義や不平等性と対決する。それは、社会の成員達（若者、女性、貧者など）に対して、平等で均等な信用条件を保証するためである。

連帯金融において、産業と市民のロジックの結合が、信用に対するアクセスの平等性を改善する。それは、借り手の客観的な質に基づくことによって、また、より大きな仕方で信用を配分することによって行われる。信用に対するアクセスは、産業のロジックの有効性を追求することによると共に、市民のロジックに関係した集団の利益を満足させることによって規定される。こうした二つのロジックの結合は、たんなる家族のロジックにしたがうよりも、一層平等な信用の配分を保証する。このことは、市民のロジックと関連した、有効性やコストとリスクの統御を実に重んじることによって遂行される。したがって、連帯的な信用供与の正当性は、次のような様々なロジックの間で揺れ動く。それらのロジックは、個人に向けたヴェクトルを優先する家族のロジック、雇用の創出のような集団的利益を促進する市民のロジック、事業を企てる上での規制からの解放と自由を発展させるための商業のロジック、並びにプロジェクトの経済的有効性に焦点が当てられる産業のロジックである。

しかし、これらの結合は不安定なままである。なぜなら、それは、ア・プリオリに相入れないロジックに基づくからである。しかし、だからと言って、そのことは、それらのロジックのうちの一つを優先するものではない。金融と連帯精神を結合させることは、それゆえ脆弱なままである。そこでは、ある世界が強い敵対主義を表すと見なされている。

連帯金融における緊張

商業の世界と市民の世界は、民間や家族の領域における人々の依存的な状態を批判的に検討しながら、家族の世界と相反するものとして構築される。それは、自律と平等主義の行動を優先することによってである。同じように商業の世界は、公的な事象と私的な事象との間を区別することによって、市民の世界に対して強く異議を唱える。産業の世界と家族の世界との間の論争は、次のような対立の中で明確になる。その対立は、比率や会計によって客観化された情報、相互主観的なデータ、評価、習慣的な行動、あるいは逸事などの間で見られるものである。

連帯金融における《人々》は、社会に再編入する状態にある諸個人である。かれらは、従属的関係、依存関係、あるいはグループとの関連から生まれる排除という状態に置かれている。それは、ネットワークを持たない個人の企業家達である。市民の世界の導入は、これらの人々を市民として考慮する。この結果として、かれらを差別することなく信用にアクセスさせることができる。こうした市民の世界を連結させることは、それらの人々の《より劣った》質によって緊張関係を生み出す。かれらは、家族の世界や産業の世界における人々と同じように規定されるからである。

連帯金融における信用供与に関する書類の評価は、家族の世界の評価を、商業の世界の匿名性や、産業の世界の技術的かつ金融的な査定に基づく診断と対比させる。そこでの議論の争点は、次のことに焦点を置いたものとなる。それは、二つの対抗する対象の性格と質である。それらの対象の一つは家族の世界における信用関係の枠組であり、もう一つは、商業的原則にしたがった非規制的で匿名的な性格を持つ信用関係の枠組である。こうした二つの世界の結合はまた、客観化された情報と技術的な手段を優先する産業のロジックによってと同時に、法制的な規律の確立を促す市民のロジックによって批判されることになる。

貸し手と借り手の間の関係は、家族の世界と結びついた個人的な関係をめぐって対立すると共に、市民、商業、並びに産業の世界によってそのような関係を乗り越えることに関して対立する。このことは、依存、平等主義、自律、並びに有効性の間で緊張関係を生み出す。これらの明白な対立は、連帯的な融資の割当てのプロセスを硬直させてしまう。この事態に直面して、それらの活動のロジック間の共存を促すような妥協を見出すことが不可欠になるのである。

規模の経済をめぐる研究者達によれば、活動のロジック間の対立は、異なる世界を明らかにすると共に、それは、必ずしもつねに有効な論争をもたらすものではない。不統一の合意すなわち妥協は、そうした活動を、諸個人、諸々の目的、並びにそれらの質の異なった性格を否定することなく受け入れることができる（Boltanski et Thévenot, 1991, pp. 337-342）。

このような妥協は、一般的利益の追求を予め想定している。そうした一般的利益は、地域的な取り決めか、もしくは、一般化できないが共同参加する集団の強い意志によって条件づけられるような協議によるものを上回っている。様々な世界を収斂させることができるような優越的な原則が存在しないのと同じように、妥協はつねに、確固とした根拠のない曖昧な規定を持つ。このことは、各団体に対し、論争を避けることによって、かれらの特恵に応じた妥協を解釈させる。これらの妥協は、不安定なままであると共に、判断を試す毎に再検討される。

連帯金融は、その活動を可能とするために、諸々の共同参加する集団による活動の様々なロジックの間で妥協を設けなければならない。連帯金融の職業的な連合組合であるフィナンソル(Finansol)は、連帯金融の全ての成員によって受け入れられる規定を提示している。その規定は、先に見た四つの《世界》の存在を反映し、かつまた、活動の異なるロジックの結合を示すものである(1)。

《連帯金融は、ただ利潤の追求のみに向けられた金融とは異なって、「人間としての個人 d」を中心とした実体経済に参入する。それは、最良の「社会的連帯 c」の利益になるようにするためである。連帯金融は「連帯 c」的な方法で「貯蓄 i」による「利益を生む m」人々と、「連帯的 c 活動 i」を有する「企業家 m」との間で「集団的関係 d」を認めることができる。フィナンソルは、連帯的な金融家と金融機関とを「連合 c」させる。その使命は、「貯蓄 i」と「金融 i」における「連帯 c」

を発展させる》(2)。連帯金融のアクター達の言説に関する研究は、妥協の存在が妥当であることを経験的に認めるものである。

連帯金融組織に関する言説で明らかにされた妥協の目的

連帯金融は、市民の世界の公共財、家族と産業の世界の集団的利害、並びに商業の世界及び私的な事業による個人的利害の間で妥協を生み出す。この妥協は、共同参加する集団の間の、いくつもの合意から成っている。それは、経済的かつ社会的な性質を有するものである。これらの合意は、様々な実践によって現れる。それらの実践は、規則や規律になる使命を持っている。銀行や金融からの排除に対抗する形で、家族、市民、並びに商業の世界の間の妥協は、信用にアクセスできないという特別な、あるいは逸事的な性格を乗り越えさせる。それは、こうした妥協を一般的な問題として規定するがゆえである。この一般的な問題は、全ての市民に影響を与えると同時に、その影響を私的な領域から公的な領域に移すことができる。連帯金融は、信用に対するアクセスのような社会問題の表出において役割を演じると共に、銀行と借り手との間の特別な対立的状態を克服させることを可能にする。

一方で、《金融 *m-i*》は、カネが利益を生ませる活動としての商業の世界によると同時に、債務と債権から成る会計的表現としての産業の世界によっても確認しうる。他方で、《連帯 *c-d*》という概念は、家族の世界に関連する。それは、連帯の概念が、家族の成員の間に存在する依存やオブリゲーションから成る絆を説く場合である。同時に連帯の概念は、市民の世界にも関連する。それは、当概念が、国民的連帯や同国人をめぐる国民の権利と保護の存在に言及する場合である。《社会的 *c-d* 効用 *m-i*》の準拠となる信用の正当性はまた、商業及び産業の世界の目的の質と、市民及び家族の世界の目的との間の妥協を成している。

連帯金融組織に関する言説において、我々はこうして異なる目的を識別することができる。それらの目的は、活動のいくつものロジックを結びつけるものである。《名誉 *d* の貸付 *m*》をつくり出すことは、次の二つの世界の間の合意を象徴している。一つの世界は商業の世界であり、その中で、こうした貸付は、企業家の資本を蓄積の目的に向けさせる。もう一つの世界は家族の世界で、それは、借り手の個人的な質を考慮に入れる。《経済的イニシアティヴ *m* を享受する権利 *c*》は、市民の世界の法制的なオブリゲーション、並びに商業の世界の価値（日和見主義、利潤など）に関連する。《近隣 *d* の金融 *m-i*》に関した言説は、家族のロジックに固有な社会的ネットワークにおいて、連帯金融による融資活動を定着させる。このことは、商業の世界の匿名性や他者への無関心、さらには産業の世界のテクニカルな性質と異なる。

《社会的 *c-d*・技術的 *i* フォロー・サポート》は、相互主観的な判断基準と金融的査定とを結びつける。それは、技術的で標準化された判断基準、並びに信頼関係と結びついた相互主観的な評価とを混ぜ合わせたものとなる。その際の標準化は、金融需要のフォーマットによって、かつまた標準化された手段の利用によって機能する。そうした手段の中には、《事業のプラン》、プロジェクトのフォロー・サポート、事業用地への訪問、並びに研修がある。

最終的に、《連帯 *d-c* 保証 *i*》に頼ることはまた、次の二つのロジックの間の合意に帰することになる。その一つは、産業のロジックであり、それは、技術的かつ標準的な手段の利用によってリスクを制御する。もう一つは、家族のロジックで、それは近親者の連座によってリスクを保証するものである。

連帯金融は、活動のロジックと価値の多様性に基づいている。この多様性は、連帯金融組織に関する言説と表象を通して理解される。これらのロジックと価値（近隣性、倫理、相互主観性）は、投機的かつ資本主義的な商業金融の志向（匿名性、営利性、非個人性）とは異なっている。こうした差異が、連帯金融に対して共同参加する集団の間の根本的な妥協を成すのである。この妥協は、名誉の貸付、あるいは連帯的な貯蓄商品のような現実的な目標をつくり出すことによって具体化する。パートナー達は、それらについて合意するのである。そうした目標をつくり出す上で、共同参加する集団による連合は、イノヴェーションという形を生み出す。すなわち、パートナー達は、コーディネートされると共に、金融関係の不確実性や潜在的に対立するロジックの存続を管理することができる。このような、各世界の特性の正当性を保持した妥協のおかげで、連帯金融に共同参加する集団は、コーディネートされるに至る。同時に、連帯的な融資関係が成し遂げられるのである。しかし、こうした妥協は、明白な対立によって危険に晒されるかもしれない。

――集団的な企業家に基づいた協同組合的経済モデルの防衛は、個人の振舞いを促す自律的雇用のモデルと対立的になる。

――グローバルな社会的関係において商業的関係がますます流布することは、商業的なロジックの影響が拡大することを促す。このことは、貨幣的関係の普及と自律性の奨励によると共に(Servet, 2006)、他の諸関係(相互的、家族的、非商業的な関係)の形態を事実上否定することになる。

商業的なロジックとその他のロジックとの間の対立が存続することは、連帯金融の発展が制限されることを説くものである。

結論

連帯金融は、非常に異質な仕方で活力をえる。それは、その集団的関係のシステム、及びパートナーシップ的な関係と性質をめぐって統一的な姿を成している。このことは、その活動と同じくガヴァナンスにおいても見られる。連帯金融は、異なる活動のロジックにしたがう複数の共同参加する集団に支えられている。この集団は、連帯金融の活動とガヴァナンスに参入する。そうしたことは、連帯金融に対し、集団的関係による融資を設けるのに必要な資金をもたらす。商業的、非商業的、並びに非貨幣的な資源を結集することは、連帯金融に不可欠な投資を多様化させると共に、その責務を負わせることを可能にする。しかし、共同参加する集団が入り込むことは、しばしば矛盾した活動のロジックの間で、とりわけ商業の世界と家族の世界との間で緊張関係を生み出す元となる。かれらは、集団的な利害に応じた妥協をめぐってコーディネートされる。それは、連帯金融の社会的金融という目的に対応するためである。ところが、こうした妥協は、異なる哲学の間で潜在的な対立を生む危険に晒されるかもしれない。そのような対立は例えば、協同的経済モデルの防衛と自律的雇用の維持との対立のようなものである。したがって、ある組織は、ある一つのロジックを他のものよりも有利とするように選択できる。このことは、連帯金融のシステムや他の組織と関連した、その固有の進展を説き明かす。

以上に見た機構上の諸々の変化や姿は、連帯金融の機能と関係している。そうした機能は、金融システムにおける諸機関を統合するか、あるいは信用に対するアクセスを転換させるものである。連帯金融は実際に、経済に対する融資の制約を減少させると同時に、ローカルな企業家を支えるものとなる。

注

(1) 我々は、各世界をより明白に意味する用語をイタリック体で記す。そして我々は、それらを、ある世界への帰属を示すための指標に適用する。すなわち、dは家族、iは産業、mは商業、cは市民に各々適用される。

〈2〉 フィナンソルの一般的な紹介からの抜粋（www.finansol.org.）。

訳注

〈1〉 ＣＩＧＡＬＥＳ（シガル）（Club d'investisseurs pour une Gestion Alternative et Local de l'Épargne Solidaire, 連帯的貯蓄のオールタナティヴでローカルな管理のための投資家クラブ）は、連帯的な組織で、その成員の貯蓄をローカルで集団的な小企業の創設と発展のサーヴィスに向けるものである。このクラブは、五〜二〇人の成員から成り、かれらの貯蓄の一部を共有する。それは、ローカルな経済・開発問題に関して取引を自律的に行い、そこでは、投資家とプロジェクト保有者が社会的に責任のある連帯経済を経験する。ＣＩＧＡＬＥＳは、近隣の貯蓄や倫理的かつまた連帯的な貯蓄の交流するところである。こうした運動は、一九八〇年代に社会・連帯経済から生まれたもので、一般市民のフォロー・サポートを可能にする（http://cigales.asso.fr/　二〇一五年八月二一日アクセス）。

〈2〉 ＣＬＥＦＥＳ（Comités Locaux pour l'Emploi des Femmes, 女性の雇用のためのローカルな委員会）は、女性の雇用を容易に促進することを目的とした委員会である。これらの委員会は、女性が企てる企業の創設に対する融資に加わる。それは、とくに自律的雇用のプロジェクトの枠組の中で行われる。ＣＬＥＦＥＳは、そうした融資に向けられる自発的貯蓄を収集し、それを個人の小企業に当てることができる。そのような企業の創設はさらに、フォロー・サポートの保証の恩恵を授かる（http://archives.entreprise.gouv.fr/2012/www.pme.gouv.fr/informations/crea_ent/outil...　二〇一五年八月二一日アクセス）。

〈3〉 Garrigue（ガリーグ）は、連帯的な資本‐リスク団体で、創設期ないしは開発期の企業の融資をフォロー・サポートする。その際の企業は、人間と環境を尊重し、それらを事業の中核に据えたものである。Garrigue は、経済における市民の実践を助長する。それは、貯蓄の有益な使い方を探る貯蓄者に対して、具体的で経済的に活力のあるオールタナティヴな道を示すことによってである。Garrigue は、二〇〇二年以来、「連帯的企業」を承認し、それに投資を行っている（http://www.garrigue.net/　二〇一五年八月二一日アクセス）。

〈4〉 Autonomie & Solidarité（オートノミー&ソリダリテ、A&Sと略、自律と連帯）は、オリジナルな資本‐リスク団体である。その資本は二三〇〇人以上の株式保有者による連帯的貯蓄から生まれる。かれらの資本応募のおかげで、A&Sの資本は成り立っている。A&Sは雇用への復帰を助長することによって、失業と社会的排除に対決する。そのためにA&Sは、企業の創設と復興のプロジェクトを支援する。またA&Sは、賃金労働者、顧客、並びに資本出資者の取引と参入を促すことによってパートナー関係を発展させる（http://www.autonomieetsolidarite.fr/a-s_1/　二〇一五年八月二一日アクセス）。

〈5〉 France Active Garantie（フランス・アクティヴ・ギャランティ）は、企業の創設者、経済活動による社会的編入の組織、並びに連帯的企業の銀行信用に対するアクセスを容易にすることを目的としている。そこで必要とされる書類は、プロジェクトの融資を保証するための精密な査定の対象となる。この保証の受益者は、雇用のない人や臨時的な仕事に就いている人がつくり出す企業、並びに連帯企業である。そこでの保証は、創設時の企業には最大で六五％、あるいは少なくとも三年であり、保証額は四万五〇〇〇ユーロに制限されている（http://www.franceactive.org/default.asp?id=103　二〇一五年八月二一日アクセス）。

〈6〉　フィナン・シテは、二〇〇七年にプラネット・ファイナンス（Planet Finance）によってつくられた。プラネット・ファイナンスは、一九九八年にJ．アタリ（Attali）により設立された国際的連帯の組織である。その使命は、マイクロファイナンスの発展によって貧困と対決することにある。二〇〇五年に、プラネット・ファイナンスは、フランスにおいて、「郊外で着手するプログラム」に基づいて活動を開始した。それは、若者、とくに脆弱さを持った都会で失業中もしくは臨時雇いにある若者が企業を創設することを支援しようとする。そのために、プラネット・ファイナンスはフィナン・シテをつくることを決意した。それは、極小企業への融資に向けた連帯的な資本－リスク団体である（http://www.financites.fr/qui-sommes-nous/　二〇一五年八月二一日アクセス）。

〈7〉　エリコアは、バスクの名を示すもので、その地域の人々から生まれた社会的存在として、完全な連帯的性格を表している。それは、バスク地方における永続的な経済発展と雇用の創出に積極的に貢献し、地域の人々の貯蓄に支えられている。エリコアは、産業化が脆弱なバスク地方で失業がとくに高まっているときに、若い企業家が、エメン（Hemen）という連合組織の中で一九七九年に形成したグループである。それは、運命論を断ち切り、企業の創設を助長する集団的な活力となるために、雇用を創出するローカルなプロジェクトに対して住民の貯蓄の一部を共同で用いる（http://herrikoa.com/fr/herrikoa/historique　二〇一五年八月二一日アクセス）。

〈8〉 フランス・イニシアティヴという連合組合は、一九八五年につくり出された。これは、企業の創設者への融資と支援を行うフランスで最初の連合組合のネットワークであり、二〇一一年には、一万六〇〇〇の活動の創設ないし復興をフォロー・サポートし、全体で三万五〇〇〇人の雇用を生み出している。それは二〇一二年に、イニシアティヴ・フランスに改組された。この連合組合には地方自治体がつねに加わり、欧州構造基金、銀行、並びに企業などへの融資に参加している。そこでの融資手段は名誉の貸付というもので、それは金利も保証もなしに合意される。これは、プロジェクト保有者の自己資本を増大させると共に、銀行の貸付に対するアクセスを容易にする個人的な貸付である。また、そうした貸付を補足するものとして、債権者によるフォロー・サポートが行われる。

〈9〉 EDENは、二〇〇八年にローヌ県の六人の企業家により創設され、二〇一一年に国民的な連合組織となる。これは、フランスの四つの地域、すなわち、ローヌ‐アルプス、ブルターニュ、サントル（中部）、並びにプロヴァンス‐アルプス‐コート・ダジュール（PACA）の連合組合から成る。EDENは、成果があり再活性化する企業の革新的で補足的な解決を示している（http://www.edencluster.com/　二〇一五年八月二六日アクセス）。

〈10〉 ACCREは、企業の雇用需要に対する支援で、それは、一年間の社会保険の一部を免除することから成る。この受益者の中で重要となるのは、一八才から二六才までの若者や二六才から三〇才までの長期失業者、などである。ただし、かれらは、企業を創設ないし復興しなければならない。その際の企業は、個人あるいは団体の形態によるいかなる活動セクターのものであってもよい（http://www.apce.com/pid643/Accre.html　二〇一五年八月二四日アクセス）。

〈11〉 ラ・メトロ（La Metro）は、集合的な共同体で、二〇一五年一月一日にメトロ・ポールになる。それは、「グルノーブル‐アルプス‐メトロポール」の一般的呼び名である。メトロは、都会の中心部に位置し、五〇万人以上の住民から成る。それは、共同体の評議会により行政管理される。その評議会は、共同体の成員から成る地方自治評議会から生まれる（http://www.saint-egreve.fr/DISABLE_REDIRECT_MOBILE/1/68-la-metro.htm. 二〇一五年五月一九日アクセス）。

〈12〉 フランス・アクティヴ（France Active）は、近隣のネットワークである。それは、二五年以上にもわたって、個人の企業を創設する上で困難にある人々を支援している。フランス・アクティヴはそれと平行して、経済活動による社会的編入や社会的効用の連合を生み出す連帯的企業に融資を行う。このネットワークは、地域的な国民的ネットワークで、地域ファンドと呼ばれる四一の近隣の組織から成る。それは、銀行借入れの保証と連帯的な貸付を行う。その際の資金は、預金金庫、国家、地方自治体、銀行、並びに欧州社会ファンドだけでなく、賃金労働者や株主、さらには贈与者などによって支えられる。フランス・アクティヴの金融組織は、フランス・アクティヴ・ギャランティ、フランス・アクティヴ投資団体、並びにフランス・アクティヴ・フィナンスマン、の三つから成る（http://www.franceactive.org/default.asp?id =7 二〇一五年五月一九日アクセス）。

第三章　連帯金融による経済に対する融資のテコ

全ての経済的諸機関は、金融サーヴィスに依存している。家計は、かれらの消費のために、また企業は、かれらの運転資本の必要のために、あるいはかれらの投資のためにそうである。企業ないしは経済的活動を伴った個人の場合に、複数の融資の形態が存在する。それらは、自己金融、借入れ、もしくは外部からの資本出資である。

金融システムは、複合的であると共に規制的である。それは、複数のアクター、すなわち、主として銀行や金融会社（間接金融）、並びに金融市場（直接金融）に再グループ化される。その機能は、一九八〇年代以降に自由化されてきた。それは、国際金融市場の創設や金融革新の発展を伴うものであった。しかし、規制面での厳しさは依然と存在している。このことは、中央銀行による信用機関の認可、あるいは金融証券の発行に対する市場当局の同意を映し出している。これらの制約は、貯蓄者や投資家を保護するための主たる機能となる。

銀行の仲介業は依然として、経済の金融メカニズムにおいて支配的な地位を占めている。しかし、それはもはや唯一のものではない。実際に、仲介された金融が行われる一方で、直接金融が発展している。金融市場は、私的ないし公的な信用の供給者と需要者が直接出会う場である。それは、一九七〇年代以降に、金融の自由化のおかげで規模を大きくしている。ところが、こうした金融の発展はまた、諸機関を排除する源ともなっている。それらの機関は、生産のプロセスにおいて、投資するための信用を取得することができないことに気づくのである。

金融システムに頼ることはしたがって、必ずしも全ての経済的機関に対して融資へのアクセスを可能とするものではない。それらの機関は、ベースとなる銀行サーヴィス（現金の引出しと預金）にアクセスできる。それは、金融サーヴィス（貸付や貯蓄）にアクセスできなくても行われる。貯蓄、保証、ローカルな資金供給、並びに信頼がない中では、これらの経済的機関は、かれらの経済的プロジェクトのための融資にアクセスすることができない。こうして、供給の側（適用される金融仲介の欠如、あるいは地理的かつ文化的な疎遠）と共に、需要の側（貯蓄、保証、並びに信頼の各々の不足）でも複数の要因が、信用にアクセスする可能性を制約する。それゆえ、これらの融資の制約は、金融システムのアーキテクチャーの次元と同時に、貸し手と借り手の間の関係の次元でも分析される。

連帯金融は、金融調整の転換のゆえに排除された借り手の需要に応じるものである。こうして連帯金融は、支配的な金融システムが永続することに対して、周辺部への必要な融資を行う場としての責任を担う。事実、連帯金融は、パートナー達を銀行のネットワークと結びつける。銀行のネットワークはこのようにして、経済に対する融資の役割を演じ続けることができる。かつまた連帯金融は、優れた質を持った金融関係を形成すること、並びに借り手の金融的統合を行うことに参入する。

連帯金融の借り手の諸特徴に関する研究は第一段階で、情報の不透明さ、並びに、かれらが受ける信頼の欠如を明らかにする。これらの融資に対するアクセスの制約が、次の段階で確認される。このことは、貸し手と借り手との間の関係というレヴェルでの融資の制約に関する理論的分析による。そうした分析は、信頼の重要性を示している。したがって連帯金融は、そのような関係を改善するものとなる。それは、非対称性の減少と信頼の構築というメカニズムによって現れる。最終的に第三段階の研究は、組織上の様々な特殊性を分析するものである。そうした特殊性は、それらのメカニズムのコストを抑制することができる。

連帯金融の借り手は脆弱さをもたらす複数の要因が交錯するところに位置する

連帯金融の潜在的な借り手は、異質な公衆から成る。そこでは、金融的かつ社会的に排除されている人々が見出される。かれらは、自分達自身で雇用をつくり出すことを願っている。また、資産の源となるものがない企業家や、ローカルな融資が欠如している地元の企業家、さらには営利的な目的のない集団的企業、並びに革新的（技術的、あるいは社会的に）なプロジェクトなどもそうした借り手の中に見られる。これらの顧客は共通点として、銀行セクターにより信用を割り当てられるカテゴリーに入っている。

フランスにおける連帯金融に関して三つの大きな国民的ネットワーク（アディ、フランス・イニシアティヴ・ネットワークのPFIL、並びにフランス・アクティヴ）の取引総額を見ると、これらの組織の顧客は、銀行によって信用を割り当てられた中心的団体から成っていることが確認される。我々はそれらの中で、主として次のような顧客が重要になることを指摘しておきたい。

――職業上の経歴において弱みのある人々

――小さな企業、もしくはマイクロ企業

――創成段階にあるプロジェクト

――わずかしか資本主義的ではないようなセクターにおける活動

しかし、それにもかかわらず、こうした諸特徴は、必ずしもつねに合わせ持っているものではない。

資源の制約がある借り手は、社会的な統合と評価の進め方に責任を負う

融資されるプロジェクトの大部分は、職業、経済、銀行、金融、あるいはまた社会の各側面で排

図3-1　2009年にフランスの連帯金融の顧客の中で雇用を求める人の分布

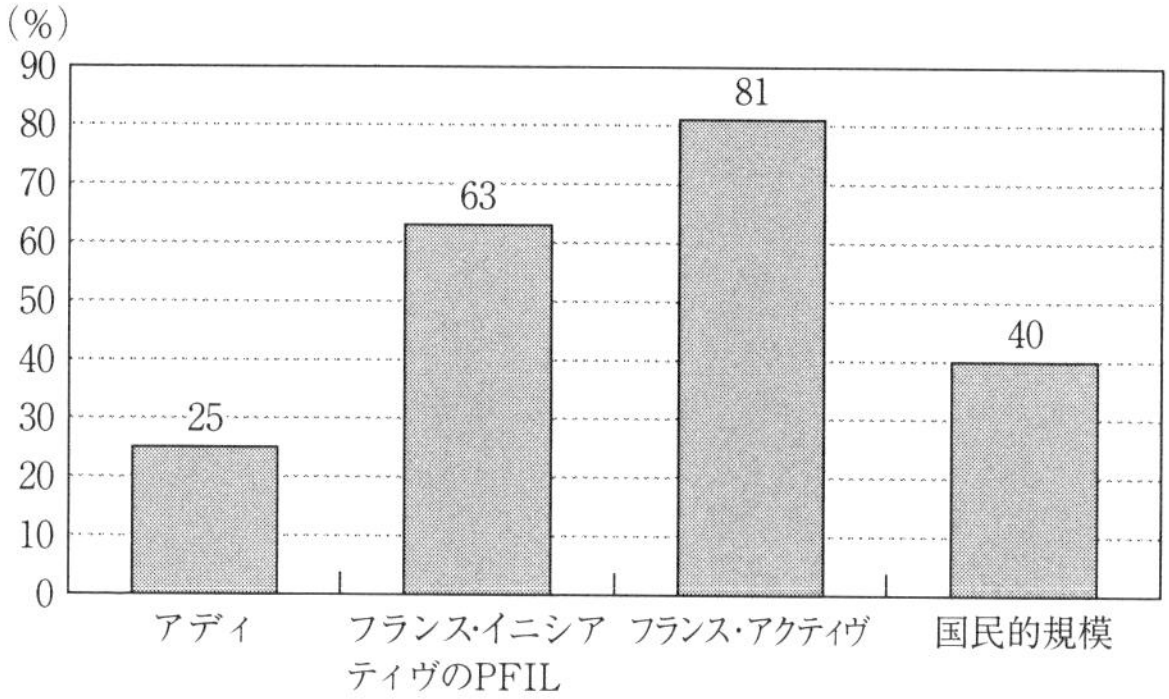

除された状態にある人々によって持ち込まれたものである。これらの借り手は、主に雇用の需要者、女性、社会的に最小限の収入をえる者、もしくは若者を示している。こうした人々は、自分自身の資源をわずかしか持っていない。かれらには、個人的資産、資格、重要な経験、あるいはネットワークなどが欠如している。かれらは独立しているか、もしくは孤立していると同時に、経済活動を管理する全ての側面を必ずしもコントロールしているのではない。それにもかかわらず、かれらは、異なる様々な理由のため、社会的な評価や統合のプロセスに責任を負っている。すなわち、自律的な経済活動をつくり出すことは、社会的かつ職業的に編入する経歴の一部を成すのである。

　我々は、フランス・イニシアティヴのＰＦＩＬの顧客の六三％が雇用の需要者である一方、かれらは、国民的レヴェルでは企業の創設者のたった四〇％を表すにすぎ

図 3－2　2009年にフランスの連帯金融の顧客の中で女性が占める割合

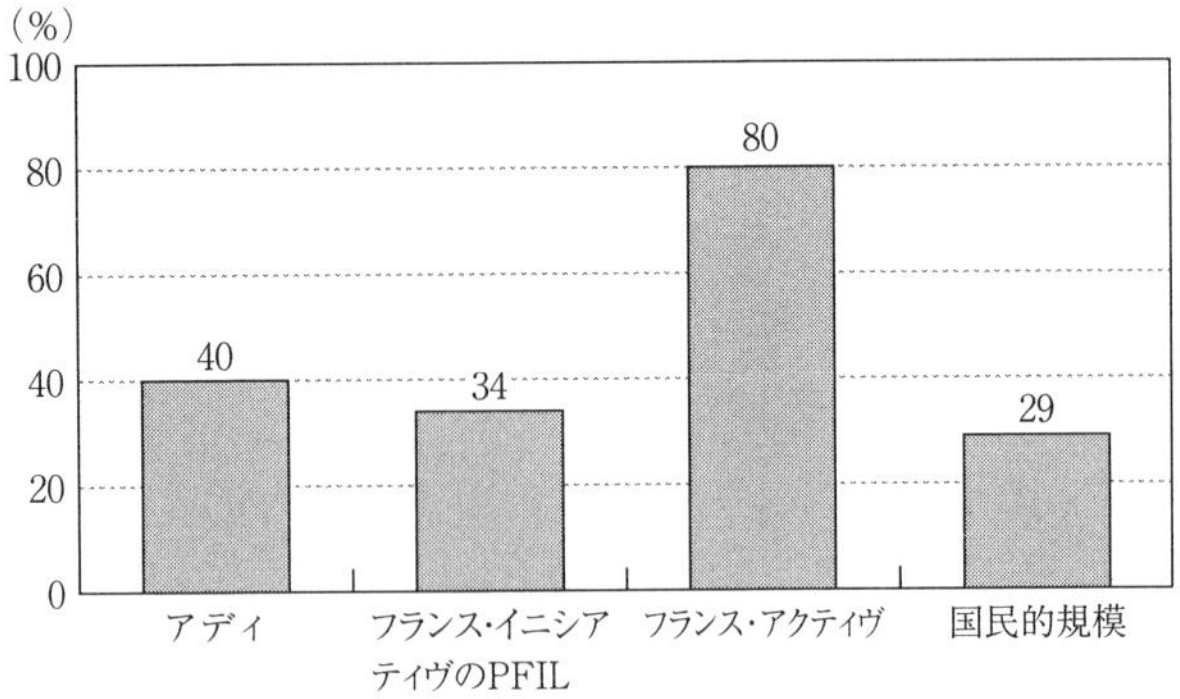

ないことに気づく〔1〕。

連帯金融に関する三つの国民的なネットワークは、社会的編入のプロセスにおいて雇用のない人々、あるいは社会的に最小限の収入で生きている人々に対して大きな仕方で融資する。アディに関しては、その顧客のたった二五％だけが雇用の需要者のカテゴリーに属する。他の残りの顧客は、三〇％までは社会的編入に関する収入（ＲＳＡ、ＲＭＩ〔1〕）を受け取り、また一七％まではその他の社会的に最小限の収入（連帯による特別手当）を受け取る人々から成っている。

女性も同様に、職業的活動の融資において差別されている人々の一部である（Fouquet, 2005）。かれらは、自己資本の弱さ、かつまた銀行ネットワークによるフォロー・サポートの不足から苦しめられている。このような確固とした事実に直面して、「事業を起こす女性達のための貯蓄のローカルなクラブ（ＣＬＥＦＥ）」のような、女性の企業家に対して取っておかれる融資の組織がつくり出されると共に、それは連帯金融の領域を統合する。これらの情報は、女性が国民的なレヴェルでよりも、連帯金融の顧客の中で一層大きな役割を演じていることを確認させるものである。

アディの顧客の四〇％は女性である一方で、かれらは、国民的レヴェルで見た企業の創設者のうち、たった二九％を表すにすぎない〈2〉。

これらの融資の困難は、次のような事実、すなわち、借り手の大多数が、個人的な企業（ＥＵＲＬ〈2〉ないし自律的な企業家）をつくり出すことを選択するという事実によって加速される。この個人的企業は、借り手が孤立することを強めると共に、金融的かつ技術的な支援を借り手から奪ってしまうことになる。

フランスの国立統計経済研究所（ＩＮＳＥＥ）の発表を追ってみると、企業の創設の大部分は、賃金労働者のないままでなされる。二〇〇八年に創設された企業の八七・四％は、何の賃金労働者も計上していない。一方、二〇〇九年には、この数値は九四・一％にも達している。賃金労働者を有する企業の創設に関して、平均的な賃金労働者の数は、二〇〇八年と二〇〇九年に三人であった。ローカルなイニシアティヴの基本方針（ＰＦＩＬ）の国民的ネットワークに関して、融資された一万七七五〇人の企業家の平均的な雇用の定員数は、二〇〇九年に二・二人であった（France Initiative Réseau, 2011）。

企業の規模は、融資に対するアクセスのための判別要因となる。小規模の企業にとって、情報に対するアクセスのコストは上昇する。こうした困難によって、かれらの投資は、請負うコストと比べてわずかな利益しかもたらさない（Besanko et Kanatas, 1993）。

極小企業（TPE）は、たんに大規模企業をミニチュア化したものではない。規模による企業の区別（それが、事業の数によるにせよ、賃金労働者の定員数によるにせよ）は十分でない。極小企業は、組織的な特殊性（柔軟なヒエラルキー、意思決定プロセスの自律と分権化、共同の経営陣や財産）を表している。そうした特殊性が、融資の需要とその完済において、かれらを大企業と区別させるのである（Belletante, Levratto et Paranque, 2001）。極小企業や中小企業が、融資に対するアクセスの困難によって影響を受ける確率は高まる。その際の確率は、組織ないし活動の規模、年限、形態のような複数の基準と結びついている。

小規模かつマイクロ的規模の企業が、その創設において、融資に対するアクセスに困難を有するのは、それらから発せられる情報の不透明性によって理解される。J. S. アング（Ang, 1991；1992）は、この不透明性を、そうした企業の特徴を潜在的な投資家に対して伝達させ理解させることができないものと規定している。それは、利用可能で標準化された会計的かつ金融的な情報が不足しているためである。このような情報の不透明性は、投資家に係わるだけではない。それはまた、小規模企業に対する挑戦をも表している。情報不足は一方で、小規模企業が標準化され信頼された情報を生み出す困難によって、また他方では、情報を取得し、それを取り扱うことが複雑になることによって投資家に明確に示される。これらの脆弱さを一時的に緩和するために、パランク（Paranque, 2002）は、小規模企業のための〈情報仲介〉に賛意を表明する。それは、かれらの情報不足を減少させるためであり、また、かれらに適用された融資の完済をもたらすためである。

これらの制約を乗り越えるために、企業家は、一連の非公式な関係を設けることができる。そうした関係は同時に、オールタナティヴな融資方式でもある（資金提供者への支払いの遅延、経常勘定で出資するための協力者の動員、慣習的な銀行との間の信用ライン、職業上のネットワークによる査定への支援など）。連帯金融の場合に、借り手は主として孤立した個人である。かれらは、自分達によるオールタナティヴなネットワークを働かせるための資源を十分に持っていない。

さらに、活動の創設に関する新たな法制的体制（それはダットレール［Dutreil］法や自律的な企業家に関する法令を伴う）はもはや、事業の開始に対してより大きな資本を課すものではない。一つの商業的な会社を創設するのに一ユーロで十分である。また、自律的な企業家の社会的地位を取得するのに、他に何の資本も求められない。したがって、借り手の孤立を中断させると共に、かれらの潜在力を発展させるために、社会的ネットワークに編入することは不可欠な要素となる。連帯金融の社会化の形態は、融資に対するアクセスのためのテコを成すのである。

企業の創設段階での諸活動

極小企業や中小企業の創設と復興は、フランス・イニシアティヴのネットワークの有する証券の大部分を占めている。それは、二〇一一年に一万五九五三社以上の企業の創設を伴うものである。フランス・アクティヴのネットワークに関して、企業活動の創出に関する金融は、そうした金融活動の八五％を表している（France Active, 2011）。

企業の存続年数は、融資に関する判別の決定的要素となる。それは、倒産やファンドの無報酬というリスクのためである。フランスでは、平均で企業の約五〇％は、五年も生き残れない（Aubier et Cherbonnier, 2007）。

活動をつくり出すプロセスに関して、それは、複数の不確定要因に基づいている。それらは、新たな商品に対する需要、競争に対する反応、市場への浸透、借り手の組織的、商業的、並びに経営管理的なキャパシティである。

また、商品の革新的な性格も判別される要因であることがはっきりしている。M．アグリエッタ（Aglietta）が明確に述べているように（Aglietta, 2008）、イノヴェーションの源となる創造的な企業家は、〈標準的な規格外〉にある。このことは、標準的な統計的分析をそこではもう適用できないものとする。この結果として、そうした企業家は、ファンドにアクセスしなければならない。そのファンドに対する報酬は様々なものとなる。それは、R＆Dと商品の導入段階にある企業の財務構造に負担をかけないようにするためである。

要するに、企業の創設は、融資に対するアクセスにおいて一層見極められる。なぜなら、かれらは、自分自身の資産を報告することができない（バランスシートがない）からであり、また、既存の定量的情報が唯一、想定されるデータに基づく他はないからである。したがって、金融仲介者によってなされる評価と借り手の予想との間に、差が生み出されてしまう。それは、借り手の日和見主義によるにせよ、アマチュアリズムによるにせよ、あるいはまた、かれらの楽観主義によるにせよである。それゆえ、予想していく上の信頼と学習のプロセスが根本的なものとなる。

わずかしか資本主義的ではないような活動のセクターと組織の諸形態

連帯金融によって支えられる活動の主たるセクターは、商業、個人や企業に対するサーヴィス、環境、並びに社会的編入などに属している。これらの活動に対するアクセスは、特別な障害（事業開始のための大きな資本や資格などがない）を表すものではない。それはしたがって、ほんのわずかな固定資本しか必要としない。しかし他方で、それは、大きな回転資金を要する。このことは、生産の実現に先立って生産のサイクルを進められるようにするためである。これは、わずかしか資本主義的ではないようなプロジェクトを示している。

アディにより供与される融資の四六％は商業活動に対するものである。他方で、そうした商業活

図3-3　連帯金融によって融資された活動セクター

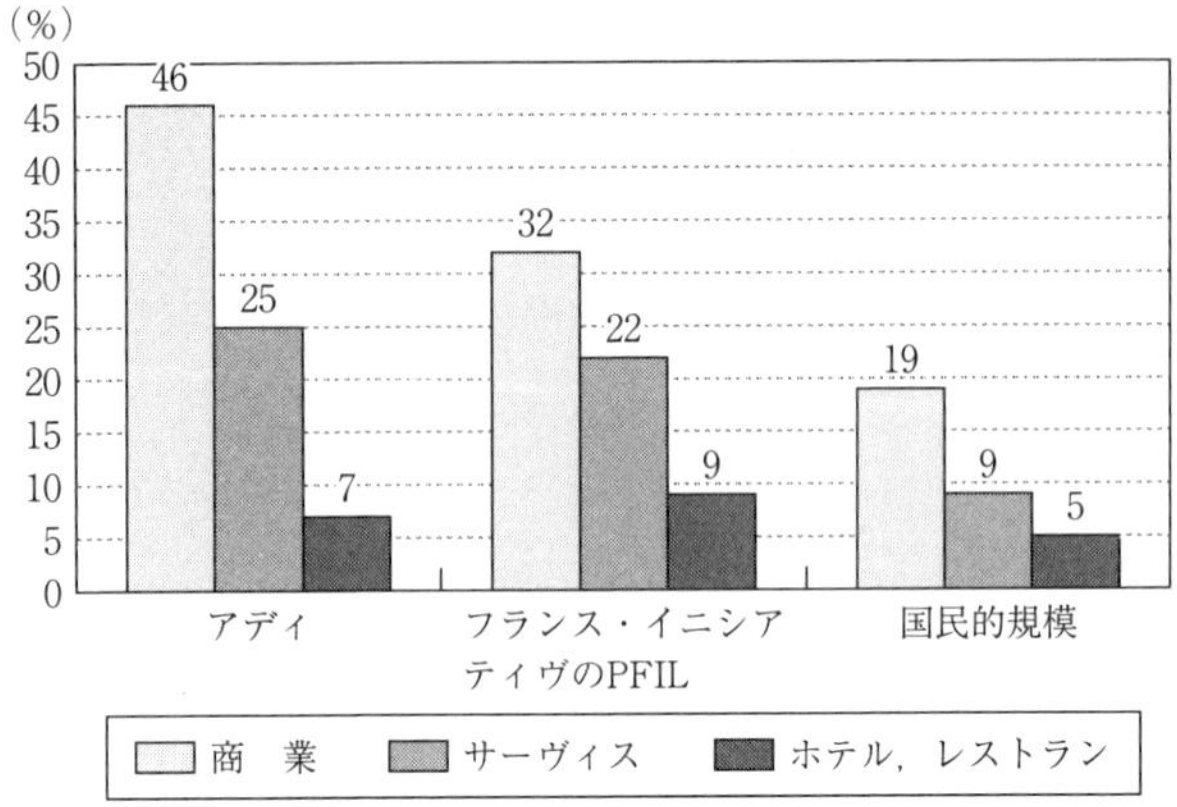

動は、国民的規模で見た活動の創出のたった一九％を表すにすぎない(3)。

そうした活動セクターはまた、各セクターの特殊性のゆえに、信用に対するアクセスを難しくさせる淵源となる。例えば、農業セクターは、天候異変、第一次産品の国際相場、並びに活動の季節性に非常に敏感である。このことは、投資する上で、当該セクターの査定を必要とする。農業界への融資に関するこれらの難しさはさらに、一九世紀末のフランスにおけるクレディ・アグリコル（Crédit Agricol）による最初のローカルな信用金庫をつくり出す要因となった（Gueslin, 1998）。

同じく、プロジェクトの組織的な構造は、融資に対する抑制になるかもしれない。例えば、協同組合ないしは連合組合のような集団的組織は、非営利的な管理の規則にしたがう。この点は、査定の欠如や金融利益の制約などにより、投資家にとっての魅力を減少させてしまう（Demoustier, 2001）。

これらの活動セクターないし組織的な諸形態は、蓄積のキャパシティを制限してきた。この結果として、融資の方法は、報酬の欠如を避けるために、こうした蓄積のキャパシティを弱めてはならない。融資の条件はそれゆえ、非投機的な利害、もしくは連帯金融が提示するように、弾力的で順応した報酬を伴うような基準に適用されねばならない。

生産的活動への融資：その制約と超克との間で

経済活動に対する融資の問題は、貨幣と金利をめぐる議論の対象であった（銀行学派と通貨学派の間での論争）。この問題は今日、主として、貸し手と借り手の間の非対称的関係という、まさにその性質に関する困難から分析される。信用に対するアクセスの条件に関する解釈は、それが信用割当てとしても、あるいはその制約としても、解決されていない現実の理論的問題である。

借り手 - 貸し手間の関係の質の重要性

金融関係は、等しいポジションにある諸機関の間のたんなる商業的関係ではない。そこでの諸機関は、ある財を他の財と同じように、匿名的かつまた自発的に取引する。信用関係は諸個人を、現在と将来において貨幣を二重に引き渡すことに巻き込む。貸借関係において、貸し手は、返済の見込みを推測する。それは、プロジェクトに関する過去の会計可能なデータ（バランスシート）、及び予想される会計可能なデータ（推測的予算）に応じて行われる。それはまた、借り手のリスクを制御するために、かれらの保証に応じても遂行される。この後者の点に、ある根本的な不確実性が加わる。それは、推測と現実との間に生じるギャップを意味する。

このような金融関係は、将来の異なる現象を伝えるものである。リスクは実現される確率を表すか、あるいはそうでなければ、事態の混乱を招くことの見込みを表している。その際のリスクは、返済されないというリスクである。しかし、根本的な不確実性は、将来の事情の変化全体を前もって述べることができないことにある。そうした事態は、予想される事情の数値となって現れる（Knight, 1921 ; Keynes, 1921）。これらが表になって現れることが、融資を制限する起因となる。オーソドックスな理論が提示するように、このような制約は、たんなる信用割当てであるかもしれない。この点は、リスクが金融仲介者にとってあまりに大きい場合である。また、そうした制約は、異端の理論、とりわけポスト・ケインジアンの理論が示唆するように、銀行と借り手が、将来において信頼をわずかしか持てないときに起こる。

情報の非対称性という点からの分析　標準的なマイクロ経済理論において、利子率は金融の供給と需要を等しくさせることができる。しかし、J. E. スティグリッツ（Stiglitz）やA. ワイス（Stiglitz et Weiss, 1981）は、信用割当ての存在を証明している。それは、等しい機関の間で、ある者は信用に対してアクセスできる一方、他の者は、たとえより高い価格（金利）を払う用意があっても信用にアクセスできないときに、あるいは、機関の同じグループが、信用供給が行われているにもかかわらず、金利がどのようであっても信用に対してアクセスできないときに生じる。かれらは、金利の上昇が、よりリスクのあるプロジェクトのための借り手の魅力を増すことを示している。このことは、銀行の期待収益を減少させることになる（銀行の収益は、リスクの逆関数である）。この結果として、金利による選別のメカニズムは有効ではなく、また次のような複数のネガティヴ効果を生んでしまう。

——反選別（あるいは逆選別）効果。これは、金利ないしは保証のレヴェルの上昇が、銀行の有するポートフォリオのリスクの度合を高めるときに生じる。それは、〈優良な〉借り手を落胆させることによってである。

——誘発効果。これは、信用コストの上昇が借り手に対して、リスクのあるプロジェクトを選択するように駆り立てるときに生じる。

——モラル・ハザード効果。これは、借り手が融資を受けた後に、プロジェクトを変更するときに生じる。

——日和見主義的行動の効果。これは、借り手が銀行に対して情報を隠すときに生じる。

これらの効果に直面して、銀行は、信用の規模を制限するというよりはむしろ、信用供与の数を減らすことを選択する。同時にかれらは、金利ないしは保証のレヴェルを引き上げることを選ぶ。信用割当てが起こることは、金融仲介者が、情報の非対称性が存在する中で、金利や保証によって借り手を選別して区別することはできない、という事情により説き明かされる。

集団的貸付ないし連帯的監視による情報の非対称性の減少

D. ダイアモンド（Diamond）のモデル（1984）は、共同責任を持った集団的貸付が、リスクを共有する手段であることを明らかにしている。また、より複雑なモデルは、税制上の優遇分野にあるグループ（Besley et Coate, 1995）や、グループの有する情報の優位性（Stiglitz, 1990 ; Varian, 1990）に焦点を当てている。それらは、事後的な情報の非対称性を低減させるための集団的貸付が持っている優位性を示したものである。

個人的な連帯的貸付のモデルにおいて、モラル・ハザードの問題は、適用されるコントロールや監督のメカニズムによって解消される。そうしたメカニズムは、連帯保証をつうじて借り手の近親者（家族や推薦者など）が提供する支援（Mesquita, 2009 : Guérin, 2000）や累進的な融資のようなものである。しかし、これらの二つのメカニズムは、借り手と金融仲介者との間の非明示的な契約に基づいている。そこでの金融仲介者は、仮に借り手が返済を遅らせるとしても、融資を保証することに責任を負うのである。

しかし、情報を生み出すことは、融資活動と結びついた全てのリスクを消し去るのに必ずしも十分でない。新制度学派のアプローチは、借り手の質を評価するために、金利は不完全な変数であることを認める。同時にそうしたアプローチは、信用に対するアクセスの条件を分析する上で、金利の役割を小さくしなければならないことをも示している。起こりうるリスクをめぐって、融資の書類に関する統一や集団的関係から生じる根本的な不確実性が存在する。さらに、銀行サーヴィスの産業化は、個人間の関係と長期的関係を消し去ることで、銀行の信用取引におけるリスクを評価する能力を低下させる。したがって、信用の制約を減少させるための内生的な対策を考慮する必要がある。

予想の非対称性によるアプローチ　ケインジアン、並びにポスト・ケインジアンの理論に向けられたパラダイムの変更は、マクロ経済とマイクロ経済のレヴェルにおいて、両レヴェルにおける違いを際立たせている。

マクロ経済のレヴェルでは、ケインジアンのアプローチは、銀行が金融政策の積極的な代理機関であることを示している。なぜなら、かれらは貨幣をつくり出す力を持っているからである。信用の需要に直面して、《銀行は、借り手をリスクのカテゴリーの中で分類する。それは、借り手の来歴、銀行との過去の関係、融資を受けた活動、並びに推計コストに対する負債や流動性、あるいはキャッシュ・フローの様々な比率にしたがって行われる》(Lavoie, 2004, p. 65)。

しかし、マイクロ経済のレヴェルでは、J. M. ケインズ(Keynes)は、《不満足な借り手》という少数のはみ出された者の存在を認める（Keynes 1930, vol. 1, p. 212）。それは、銀行の選別と結びついた恒久的な現象である。信用の制約は、特定の機関に対して適用される。そうした制約は同時に、銀行と顧客の間の関係と直接に結びついている（Keynes, 1930, Vol. 2, p. 363）。問題となるのは、銀行が、借り手の質、すなわち不確実性という状況の中で、借り手が将来返済することができるかどうかをいかに判断して決定するかということである。

これに応えるために、M. H. ウォルフソン（Wolfson, 1996）は、銀行による融資の決定プロセスを分析して信用供給の方程式をつくっている。この方程式は、銀行と借り手による予想の非対称性から生まれる制約を認める。供与される貸付に対する需要に関して、借り手はまず、プロジェクトによる収入の予想に応じた貸付額を説明する。すなわち、そうした需要は、《観念上の需要》である。銀行の側では、かれらは、信用の《実際の需要》を決定するために、借り手の負債のキャパシティを見積る。こうした二つの需要の間の違いは、借り手が受ける《信用の制約》を表している。

将来の収入の見積りにおける、あるいは銀行の判断における全ての変更は、現実の需要を変えることになる。もしも、とくに借り手もしくは借り手のグループをめぐる銀行の信頼のレヴェルが低下するならば、そこで貸付契約の貨幣的ないし非貨幣的な条件のレヴェルは上昇する。

予想から導かれる解釈は、信用供与における二つの異なる段階を明らかにする。それらの段階は、信用に対するアクセス、次いで信用の条件である。信用の決定は、内生的かつ外生的なファクターから生まれる。それらのファクターは、マイクロ経済のレヴェルでは、銀行家と借り手の間の関係と信頼の構築に依存すると共に、マクロ経済のレヴェルでは、金融政策と景気に依存する。このような決定の最初の段階を経ると、銀行と借り手は融資に関する諸条件を交渉することになる。

不確実性に直面して、以下のような二つの戦略が融資を合意し続けるために可能である。

——再グループ化、ないしは認識のプロセスにしたがってアクセスを可能とする知識の強化。

——特別な知識を持った専門家や、かれらの判断に対する信頼感を活用することによる専門化。なぜなら、《スペシャリストの判断の質は、新たな状態における不確実性を減少させ、したがって経済的効率を高めることができる》からである（Rivaud-Danset, 1996, p. 228）。

このようにして、借り手の質の評価は、信用に対するアクセスの諸問題において核となる。しかし、その標準的な枠組の中での分析は満足のいくものではない。それは、債権者と借り手の間の関係の特殊な性質を無視している。伝統的に、銀行サーヴィスによる関係は、情報の産出と共有における制約を減少させる傾向がある。それは、信用が合意される前と、その信用が返済される全期間にわたって見られる。銀行の組織と実践は、情報の収集とその取扱いを容易にする。それは、より優れた社会福祉の達成に完全に寄与することによってである（Laurent, 1997）。それにもかかわらず、銀行セクターにおける諸変化は、予め思い起こされるものであり、それは、銀行サーヴィスによる諸々の関係の経済から、銀行サーヴィスによる産業化の経済への移行を導いてしまう。しかし、そこでの信頼を、貸し手と借り手の間に設けられた私的な関係から生まれるものとして考えることが重要である（Rivaud-Danset, 1996）。それは、標準的な理論、すなわち信頼というものを、リスクの確実性として単純化し、役に立たない概念に帰する理論とは正反対なものとなる。

これらの障害に直面して、連帯金融の解釈をめぐる争点は、連帯的な融資による集団的関係が、貸し手にとって満足のいく信頼のレヴェルをいかに達成させるか、という点を理解することにある。

連帯金融：集団的な諸関係のシステムによるサーヴィスの共同産出

連帯金融は、個人化された諸関係を発展させる。そうした関係は、活動をつくり出す上で、事前的かつ事後的に借り手と組織が繰り返して出会うことによって形成される。まず、連帯的な融資家と借り手との間で、また連帯的な融資家と貯蓄者との間で、複数回の会合が開かれる。かれらは、共有の面識をつくり出すことに参画する。この段階は基本的なものである。しかし、それは、融資関係を完全に実現する上で十分ではない。次いで、融資の供与、並びに融資の実行に関する貨幣的かつ非貨幣的な条件の交渉、という段階が登場する。これらの条件に関して、融資家と借り手という二つの集団が受け入れることによって、融資の合意が達成される。最終的に、融資関係は、利子の支払いと資本の返済の間存続する。これらの三つの段階は、連帯的な融資関係の中で連結するのである。

このようなプロセスは、社会的な相互的活動を反復させるように促す。同時にそれは、連帯金融の仲介者と借り手との間に、専一的で特別な情報を生み出すことになる。連帯金融組織は、融資に関する書類を受け入れることを、融資関係の質に応じて決定する。これらの諸関係は、融資に関する査定の形成に貢献すると共に、信頼の環境をもつくり出す。このことは融資関係において、確認されることもあれば、あるいは確認されないこともあるだろう。それらの関係はまた、予想によってリスクを削減させることができる。

査定と予想を形成するためのフォロー・サポートによる集団的関係

連帯金融組織による実践において、フォロー・サポートは、経済的に安定した確実な融資の対象となるプロジェクトを構築させることができる。融資に応募する者は、フォロー・サポートされると共に、そうしたプロジェクトの実現に向けて枠組を設定される。このことは、安全性を保証するものとなる。このようなフォロー・サポートによる同伴の行為は、特別な専門的知識を伝達させると同時に、融資の対象となるプロジェクトの選別を可能とする。これらの要素が、現実的に予想される収益のレヴェルを決定する。それは次の段階で、融資のプロジェクトないしはプランを採用することを可能にするためである。こうしたフォロー・サポートは、融資される前の段階で、かつまた異なる局面の下での融資の全ての期間で提案される。それは、個人的な会合、集団的な会議、研修、電話による調査、紹介・推薦などで見られる。

このようなフォロー・サポートをつうじて、連帯金融は、技術的な対策と集団的関係による対策を設ける。それらの対策は情報を体系化し、またそれを標準化したものである。フォロー・サポートの活動はしたがって、連帯的な組織により内部化される。このことは、そうした組織に対し、顧客との間で繰り返される社会的な相互的活動をいっしょに行わせることができる。

フォロー・サポートは、借り手の質的かつまた専一的な情報を、量的で標準化された情報に転換するおかげで借り手の査定を可能とする。他の点から言えば、フォロー・サポートによる関係は、連帯的な金融仲介に対し、借り手のおかげで金融情報を共同でつくり出すことができるようにさせる。この点は、そうした仲介が、それだけではものにすることができない点である。例えば、予想される予算を、借り手の持っている、しばしば直観的な知識から説明すると共に、そうした予算を構築することが重要となる。

こうして、根本的な不確実性の要因となっている、借り手の状況の唯一性に対して、連帯金融は、他の金融とは異なったフォロー・サポートによる集団的関係を設ける。この関係が、より質の高い個人化された知識によって体系化された金融情報を共同で生み出すことを可能にするのである。

信頼をつくり出すための社会化の関係

経済的・金融的諸関係において信頼を考慮することは、経済問題における数多くの議論の対象となる。標準的な理論に関して、信頼はモデルに対する外生的要因である。それは、解釈上、実際には効力のないような、たんなる《潤滑剤》にすぎない（Williamson, 1993）。これと逆に、異端的なアプローチにおいては、信頼は、金融的諸関係の解釈においてと同時に（Rivaud-Danset et Salais, 1992）、とりわけ連帯金融の研究においても鍵となるファクターとなる（Servet, 2006 ; Glémain, 2008）。

信頼は、金融的諸関係における現実の構成要素である。それはまた、貸し手と借り手との間の協力の結果でもあり、さらには、協力の方式を規定するプロセスでもある（Mendez et Richez-Battesti, 1999 : Karpik, 1998）。金融的諸関係は、一定期間の枠組の中に組み込まれる。そうした期間は、借り手と貸し手との間において、かれらを選別するという観点からの出会いに始まり、貨幣のやり取りとその追跡調査に至るまでに及んでいる。このことは、返済と利子支払いが行われるときに実現される。そしてこの期間は、信頼をつくり出す上で好都合なものとなる。

信頼の構築は、融資契約において、共同参加する集団の非明示的な責任負担（繰り返される相互的活動）と共に、明示的な責任の約束によって可能となる。J. M. セルヴェ（Servet）とD. ヴァラ（Vallat）（2001）によれば、そうした信頼は、三つの主たる要素によって支えられる。それらはまず、債権者と債務者の間の近隣性、次いで査定と証拠の要因、そして最終的に過去の経験の記憶である。

連帯金融は、個人化された信頼による集団的関係を構築することができる。この関係は、協力と情報の共有を促す。信頼は顧客に対して、他の金融仲介者や銀行により要求される保証を減少させることができる。このようにして、連帯金融のある組織は、何の保証も求めない。一方、他の組織は、連帯保証を願い出る。

銀行は、融資のリスクを、その固有の評価における信頼と比較しながら推定する。ところが連帯金融は、融資の失敗のリスクを、融資の前に借り手との間でつくられた信頼関係をつうじて評価する。こうした信頼関係の要素の統合が、プロジェクトの成功、並びにその信頼のレヴェルに関する仲介者の推定を改善することになる。事実、連帯金融の決定の規則において、信頼のレヴェルは、他の金融仲介者の場合よりも上回っている。つまり、信頼のレヴェルを高めることによって連帯金融は、金融仲介者と借り手との間で予測を収斂させることを容易にするのである。

もっとも、この連帯的な融資関係は、借り手のフォロー・サポートの実施を意味している。しかし、このことは一面的であるかもしれないし、あるいは有効ではないかもしれない。なぜなら、かれらのフォロー・サポートを実施する諸条件は、必ずしもつねに満足のいくものではない（人的ないし技術的な手段の欠如）からであると同時に、そうしたフォロー・サポートの実施が、組織にとってコストを表すからである。さらに、借り手を探求して選別するプロセスは、借り手によってバイアスをかけられてしまう。多くの場合、連帯金融は、他に選択の余地がない借り手にとって、信用に対する唯一のアクセスを示している。換言すれば、連帯金融は、自由を奪われた公衆に差し向けられる。かれらは、融資に関して他の可能性を持っておらず、それゆえ自分達が選別されることに大きな利害を有する。現実には、必要な全ての情報を必ずしも明らかにしないための諸々の戦略を設けることができる。これらの障害に直面して、連帯金融は、借り手の努力を促すような契約を設定するのである。

連帯金融：リスク削減の因習的なメカニズム

連帯的な融資関係は、借り手が異なる局面で介入する《手段を持つことを前提》に構築された関係である。このような相互的活動は、連帯的な融資関係を共同で生み出すことを理解するためのサーヴィス関係という枠組の中で、集団的関係を分析することに正当性を与える。こうしたサーヴィス関係の経済に組み込まれることで、複数の因習的なメカニズムが用いられると共に、それらのメカニズムは特恵的な融資条件の提供を可能とする。連帯金融は同時に、融資へのアクセスにインパクトを与える。それは、信頼の最低限のレヴェルを構築することによる。そして、このことは融資の割当てだけでなく、その貨幣コストを制限することによって融資に関する諸条件をも容易にするためである。実際に、連帯金融の分析は、商業的な資金源（信用ライン、貯蓄など）、非商業的な資金源（私的贈与や公的補助金など）、並びに非貨幣的な資源（ヴォランティア）へのアクセスが、融資を決定する規則に対して影響力を持つことを示している。連帯金融のための資金コストがわずかであることは、そうした金融に対して、戦略の幅を他の金融業者におけるものよりも一層拡げることになる。

補足的なコストの淵源となるような連帯金融の特殊性

連帯的な融資関係とその管理の諸特徴は、連帯金融組織にとって補足的なコストを意味する。

――連帯金融の借り手、貸し手、並びに組織の間の三角関係は、信用供与の決定に関する集団的管理において追加的なコストを意味する。パートナーといっしょに責任を負うための委員会を設けることの方が、単独で決定することよりも一層コストがかかる。

――近隣性は、借り手に近いという物理的な存在を押しつけるものである。それは同時に、先の三者の出会いをもたらすように向かうことをも強要する。このことは、地元に存在することによるコストを増す。しかし、銀行の窓口は、わずかな収益しかない領域では閉ざされている。

――融資の性格は、利ざやが削減されたことに対して指示を与えるのに多くの時間を要する。諸々の書類から成る説明書をつくるコストは、過ぎ去った労働時間に比例すると共に、引き出される利ざやによって弱められる。この事実により、わずかな額の融資は、大きな額の場合よりも一層コストがかかる。

――融資関係の個人化は、重要で自由に利用できる人的資源を求める。このことは、補足的な金融コストを表す。

――フォロー・サポートと査定は、組織の機能を良くするのに必要であり、それらは長いプロセスを示す。

これらのコストの全体は、主として、そうした作業を有効にするための個人的需要と結びついている。この際の投資は、金融活動と結びついたリスクを削減するために必要不可欠である。経済的収益性という目的と、借り手をフォロー・サポートするのに必要なコストとの間の緊張関係は、より典型的な借り手を有利としてしまうような偏向のリスク、並びに連帯的な融資関係の個人化の低下を示している。これらの補足的なコストは、連帯金融の永続性とその発展に対する抑制となる。このことは、結果として信用の制約を再び生み出すことを可能にする。連帯金融の特殊性は、こうした緊張関係に立ち向かうことを可能とさせるのである。

連帯金融の諸特徴、すなわち商業的かつ非商業的な資源、あるいは連帯金融の連合的かつ協同的な組織の非営利性というような諸特徴は、融資関係の単一性を管理することができるようにする。それは実に、機能とコントロールのコストを最小にすることによってである。

商業的、非商業的、並びに非貨幣的な資源の多様性

連帯金融をめぐる貨幣的資金のコストは、他の金融仲介機関（銀行、資本主義的な金融会社など）

のそれよりも、よりわずかなものである。なぜなら、連帯金融の資金は、異なる性格を有するからである。このような多様性は、融資の条件に対して大きなインパクトを持っている。

金融機関によって管理された共有の貯蓄から生まれた贈与は、連帯金融の一つの資金源を成す。フィナンソル（Finansol）〈3〉の規定にしたがえば、共有の貯蓄は、貯蓄者にとって、その運用から生まれる収入の全てか一部を一般的利益に関する活動に与えることにある。この一般的利益は慈善的、教育的、科学的、社会的、人道的、文化的、ないしは環境的な性格を有する。フィナンソルというラベルの基準によれば、共有の運用は、貯蓄の一つの商品を示す。その出資者は、連帯的な組織に対する贈与という形態の下で、生み出される収入のうち少なくとも二五％を繰り超す。この資金は返還されないし、また償還されない。したがってそれは、連帯金融組織にとって無料となる。同時にそうした資金は、非商業的であるがゆえに、代償を引き起こすものではない。

連帯金融組織に投資された連帯的な貯蓄は、それが、賃金労働者の貯蓄という形態の下であれ、また連帯的な投資の貯蓄という形態の下であれ、第二の資源を成す。そうした資金は、金融機関によって間接的に集められる。連帯的な貯蓄の結集は、連帯金融組織に対し、安定性と共にわずかなコストの資金を提供する。それは同時に非商業的でもある。

第三の資源は、連帯金融組織のうち、社会的な部分を購入することに直接行う連帯的な投資を示す。換言すれば、連帯的な貯蓄者は、その資本を連帯的な活動の融資に直接に投資する。それは、投資家クラブや連帯的金融団体のような連帯金融組織をつうじて行われる。そうした貯蓄者は、連帯的な投資家になると共に、その組織の一部ともなる（かれらは、投票権と所有権を獲得する）。この投資家は、利他主義的なロジックによって動機づけられると共に、金融上の大きな収益を追求するのではなく、その貯蓄の利用から生まれる社会的な付加価値を求めるのである。

第四の資源は、連帯金融組織に対して銀行が割り当てる信用ラインから成る。この融資形態は、必ずしも全ての組織にとってアクセスできるものではない。それらの組織の間のいくつかのものは、このような資金を結集しない。なぜなら、それは、他のものよりも一層高くつくからである。そのコストは、銀行間市場での資金コストと結びついている。そこでは、商業的資金が重要になる。

連帯金融の利益ために行われる個人や企業の直接的な贈与が第五の資源となる。それは非商業的で不確なものである。

第六の資源は、地方自治体により与えられる公的補助金や、間接的な国家の援助（例えば契約された支援）で構成される。これらの非商業的な資源は、その異質な性格（プロジェクトの資金的補助、会場の貸与、人的資源の利用など）のゆえに、量的に表すことが難しい。

第七の資源は、ヴォランティアである。ここでは連帯金融が、貨幣単位で報酬を与えることを義務づけている賃金労働に取って代わるものとして利用できるような、非貨幣的資源が重要となる。

第八の資源は、活動における利益の再割当てから生まれる。連帯金融は、収益のある金融管理

（運用コストの統御、赤字の制限、自律的な金融キャパシティの発展など）に基づいた、また社会的目標（雇用の創出数、職業上の社会的編入の割合など）の実現に基づいた、ファンドの有効な利用を促すことに向けられる。利益の大部分は、社会的資本に再投資される。このことは、それほど収益の上がらない活動に融資させると共に、新たなイノヴェーションを発展させることを可能にする。大きな金融収益に対する圧力と要求はより減少する。なぜなら、そうした圧力と要求は、社会・経済的な需要を満たすことによって補われるからである。金融管理の規則は異なるものとなる。それは、株主のロジックから連帯のロジックまでに至る。すなわち、そのような連合は配当金を配分しない。それと同時に、金融の協同組合も、主としてかれらの活動に再投資するのである。

連帯金融組織はこうして、資源を共有し、また諸活動を連合させようと試みる。連帯金融組織の大部分は、金融の連合組合であり協同組合でもある。したがってそれらは、配当金の配分の要求にはしたがわない。連帯金融組織は、次のような諸々の義務を意識している。それらは、経済的効率性と連帯を一致させる義務、あるプロジェクトに対する金融収益の追求によって表される義務、並びに、よりリスクのあるプロジェクトの保有者を有利とするような社会的需要に応じた義務である。それらの組織は日々、コストを抑えようと試みる。それは、機能に関するコストを監視することによって、またプロジェクトを見守るための資格を有するヴォランティアを活動させることによって行われる。

連帯金融は今日、資産管理活動において支配的な投機のロジックとは区別される。連帯金融は、ファンドの責任のある管理、並びに市民によるその管理を提案する。このファンドは、集団的利益を満たすことによって市民に配給される。社会的な付加価値の代償として、ファンドの出資者の報酬はわずかである。このことは、連帯金融の貨幣的資金のコストを低下させるものとなる。

借り手のために連帯的融資のコストを制限

連帯金融において、融資の貨幣的かつ非貨幣的な諸条件は、全ての借り手にとってほぼ同じである。貨幣的な水増し（金利の引上げ）、あるいは非貨幣的な水増し（補足的な保証の要求、信用規模の削減など）はない。それらの水増しは、各借り手の特徴に応じて適用される補完的なものである。融資のコストはしたがって、さらに高くなることはない。これと逆に、他の融資者は、融資の貨幣的かつ非貨幣的な条件をつり上げようとする。それは、借り手の支払い可能性に関する予想から生まれるリスクのレヴェルに応じて起こる。それゆえこのことは、借り手の負債のキャパシティを低下させるのである。

銀行は、借り手の将来における支払い可能性を評価する上で、信頼と比較しながら借り手のリスクを推定する。これとは反対に、連帯金融は、借り手が返済に失敗するリスクを、融資の前に借り手との間でつくられた信頼関係から評価する。連帯金融は、借り手の質を評価の根拠にすると共に、つくり出される個人間の関係に関する予想をたてる。この個人間の関係は、フォロー・サポートや説明書類の作成の指令が行われるときにつくり出される。その予想はまた、そのときと同じ段階でえられる個人化された情報、かつまた連帯金融組織による選別の基準や条件を満たすための借り手のキャパシティに関してなされる。このようなプロセスによって、連帯金融が明らかにする信頼のレヴェルは、他の融資者におけるそれを上回ることになる。この信頼のレヴェルを引き上げることによって、連帯金融は、融資者と借り手との間で予想を収斂させることを容易にする。同時に連帯金融は、この信頼のレヴェルを、銀行のパートナーに対しても適用させる。連帯金融によって達成される目標は、借り手が期待する要求と、融資者が提案する要求との間の差を縮小させることである。金利は、借り手の特徴に応じて上がることはない。それはしばしば固定されると共に、融資のプロセスの当初から宣告されている。金利のレヴェルは、融資決定の規則に影響を与えない。返済能力における信頼のレヴェルに関して、それは、フォロー・サポートの際に築かれる集団的関係に依存する。このような信頼を構築するメカニズムが、リスクを削減し、またその結果として、連帯的な融資のコストを低下させるのである。

資金源のコストは、連帯金融とその他の金融との間で異なっている。このことは、融資の決定に対して強いインパクトを与える。連帯金融による再融資を行う資金源は、他の融資者が求めるものよりも一層変化に富んでいると同時に、それらの管理規則も違っている。例えば、連帯金融は、株

料金受取人払郵便

山科局承認

1242

差出有効期間
平成29年7月
20日まで

郵便はがき

607-8790

（受　取　人）

京都市山科区
日ノ岡堤谷町1番地

ミネルヴァ書房
読者アンケート係 行

◆ 以下のアンケートにお答え下さい。

お求めの
書店名＿＿＿＿＿＿＿＿市区町村＿＿＿＿＿＿＿＿＿＿＿＿＿＿書店

＊ この本をどのようにしてお知りになりましたか？ 以下の中から選び、3つまで○をお付け下さい。

A.広告（　　　　）を見て　B.店頭で見て　C.知人·友人の薦め
D.著者ファン　E.図書館で借りて　F.教科書として
G.ミネルヴァ書房図書目録　H.ミネルヴァ通信
I.書評（　　　　）をみて　J.講演会など　K.テレビ·ラジオ
L.出版ダイジェスト　M.これから出る本　N.他の本を読んで
O.DM　P.ホームページ（　　　　　　　　）をみて
Q.書店の案内で　R.その他（　　　　　　　　）

書名　お買上の本のタイトルをご記入下さい。

◆上記の本に関するご感想、またはご意見・ご希望などをお書き下さい。
文章を採用させていただいた方には図書カードを贈呈いたします。

◆よく読む分野（ご専門）について、3つまで○をお付け下さい。

1. 哲学・思想　2. 世界史　3. 日本史　4. 政治・法律
5. 経済　6. 経営　7. 心理　8. 教育　9. 保育　10. 社会福祉
11. 社会　12. 自然科学　13. 文学・言語　14. 評論・評伝
15. 児童書　16. 資格・実用　17. その他（　　　　　）

〒
ご住所

Tel　（　　）

お名前《ふりがな》　年齢　歳　性別　男・女

ご職業・学校名
（所属・専門）

Eメール

ミネルヴァ書房ホームページ　http://www.minervashobo.co.jp/

＊新刊案内（DM）不要の方は × を付けて下さい。□

主に対して配当金を配分し、それを最大化することにはしたがわない。連帯金融のこれらの特殊性が、その融資コストを制限できるようにするのである。

集団的保証のメカニズム

信頼関係は、融資関係の条件交渉に対する必要で前提となる条件である。この《信頼のおける資本》のおかげで、連帯金融は物質的な保証を、連帯的な、あるいは公的な保証のいくつかの形態に置き換える。これらの保証は、貸し手を保護するメカニズムである。それは、貸し手が、リスクがあるにもかかわらず、あるプロジェクトに融資することを受け入れるためである。連帯金融は保証ファンドのおかげで、借り手の側の返済失敗というリスクに対して、比較的わずかなコストによって保証される。その際、保証の三つの形態が連帯金融組織によって用いられる。

――連帯保証ファンドへの負担金。これは、全ての借り手を再び動員させる。それは、かれらの返済失敗のリスクを共有するためである。例えばアディは、連帯ファンドを形成するために、賦払金（月賦）における一定の割合を義務的に含んでいる。

――特殊な連帯保証の業務機関への登録。フランス・アクティヴ・ギャランティはこうして、連帯的企業、連合組合、並びに企業創設者のための銀行借入れに対する保証について弁済を提示する。それは、かれらが保証額の二％のコストを引き受けることで行われる。

――連帯保証人の設定。この保証人は借り手が返済に失敗した場合に、融資の一定の割合を返済することに責任を負う人である。

貸し手も同じく、保証の集団的ファンドを形成することができる。それは、連帯的な融資が返済されない場合に結集できる。そこでは、貸し手間でリスクを共有するプロセスが重要となる。公的な保証の場合に、借り手は、三分の一に固定されている負担金を支払う。連帯金融組織は、補完的な仕方で保証のメカニズムの異なる形態を動員する。それは、それらの形態が向けられる活動のロジックと公衆にしたがって行われる。

このようにして、連帯金融の貨幣的かつ非貨幣的な諸条件は、銀行によって伝統的に用いられる商業的基準から解放される。それらの条件は、共同参加する集団間の金融的連帯による結果である。フランスでは、連帯金融組織は、補足的なコストを負担するための複数の戦略を発展させている。それらの戦略は、かれらの経済モデルにおいて、フォロー・サポートのコストと融資のコスト（書類や個人に関するコスト）とを分離することのようなものである。こうした分離は、金融活動のための異なる性質や貨幣的性質を持った資金、さらには、むしろ非貨幣的な、社会的かつ職業的な編入の活動のための、性質の異なる資源を結集させることを可能にする。

結論

連帯金融の借り手は、かれらの活動プロジェクトへの融資に関して、全ての困難に遭遇する。それらの困難は、貯蓄や家族の資産、あるいは職業上のネットワークなどの欠如と結びついている。我々の、ネオ・ケインジアンやポスト・ケインジアンの文献に関する検討は、融資が制約される要因を明らかにする。そうした制約は唯一、情報や価格の非対称性という問題のみに帰することはできないように思われる。

こうした多元的な制約に直面して、連帯金融は融資に対するアクセスを容易にし、融資の条件（価格とコスト）を改善し、さらには信頼を強化することができる。この分析は、連帯金融が、融資の決定プロセスに関した異なる段階で、以下のことを合わせて動員することによって影響を及ぼすことを示している。

――社会化の複数の形態。これは、信頼関係を構築すると共に、不確実性という状況の中での活動に必要なものである。

――フォロー・サポートの関係。これは、ただ一つの、また借り手によってはわずかしか統御できないような質的な情報を、より量的で標準化された情報に表すことができる。それは、査定を発展させると共に、予想の収斂を促すためである。

——融資の諸条件。これらは、融資されるプロジェクトの特殊性に対する適格さ、コストと比べて重みづけられた金利、並びに借り手間の、また貸し手間の集団的保証に基づいている。

連帯金融は、融資の永続性に関してますます大きくなる制約に直面して、その根本的な原則（近隣性、社会的・経済的使命、雇用、発展）を保つように試みる。連帯金融の諸組織は日々、一定のプロジェクトに対する金融収益の追求と、よりリスクのあるプロジェクトの保有者を有利とした社会的需要に応じる義務とを合致させようとする。制御不能な諸々のリスクは存在する。それらのリスクは、より貧しい人々の金融的排除が繰り返されること、より典型的なプロジェクトが選好されること、過剰債務のケースが倍増すること、あるいはまた金利の上乗せが請求されることなどによって現れる。それゆえ、経済的パフォーマンスと社会的パフォーマンスとをバランスさせることが非常に重要となる。

注

（1）二〇〇九年の組織に関する活動報告の情報による。それは、シネ（Sine, 2009）の国民的比較のためのアンケート結果を示している。

（2）二〇〇九年の組織に関する活動報告の情報による。それは、シネ（Sine, 2009）の国民的比較のためのアンケート結果を示している。

〈3〉 二〇〇九年の諸機関による活動報告から生み出された情報。そうした機関は、企業の創設に関して、国内での比較を行うための調査機関のようなものである。

訳注

〈1〉 RSA(Revenue de solidarité active の略、積極連帯収入)は、二〇〇九年六月一日にフランスで創設された社会的扶助手段である。これは、従来のRMI(Revenue minimum d'insertion の略で社会的編入の最低収入)が無職や求職者に限って給付されたのに対し、最低限の生活費に満たない収入しかえられないような、いわゆるワーキング・プアにも適用される。

〈2〉 EURLは、有限責任会社と同じく、出資額に応じて責任を制限することができる。この組織は、一九八五年七月一一日のフランス法でつくり出された。これは、個人の企業に注入された資産の法制的な自律性を設定する。それは、農業セクターに関して、有限責任を持った農業経営に携わっている。

〈3〉 フィナンソル(Finansol)は、一九九五年につくり出されたフランスの連合組合で、その目的は、貯蓄と金融における連帯を促進することにある。この連合組合の活動はとくに、フィナンソルというラベルのプロモーションをつうじて、利用可能な異なる連帯貯蓄商品を知らせることである。

第四章　連帯金融のパフォーマンスと有効性

金融・銀行システムにおいて、我々は、そのパフォーマンスに関する複数の規定に出会う。それらは、金利の水準、利益率、コストの制御、あるいはまた借り手のコントロールである。マイクロ経済的分析の枠組の中で、金融仲介者にとっての議論の争点は、かれらの《情報の有効性》を改善することである（Eber, 2001）。

伝統的な銀行のパフォーマンスは、金融上の諸結果（それが株価によるにせよ利益によるにせよ）に集中している。他方で、連帯金融のパフォーマンスはより複雑である。この点は、その社会・経済的な合目的性による。連帯金融の経済的有効性に関する研究は、新たに出現したところであり、それは、いくつもの問題を提起している（Balkenhol, 2009）。例えば、経済的収益性を優先する必要があるのか、という点が問われる。このことは、社会的使命を犠牲にしながら最も貧しい人々を選別するようなプロセスを意味している（Gutierrez-Nieto et al, 2009）。ところが、複数のケースに関して深められた研究は、多くの組織が恩恵を生み出すことを示している（Cull et al. 2009）。この点は、連帯金融のハイブリッドな性質を確証させる。すなわち、経済的かつ社会的な目的（融資の必要と社会的需要への対応）が、リスクと資源の共有に基づく経済モデルに連結しているのである。さらに、連帯金融の有する、市場の非競争的な性質と形態が、有効性とパフォーマンスの概念を問題にすることを意味している。

この議論はまた、データの乏しさ、並びにデータの質に議論の余地があるという理由によって困難にぶつかる。事実、それらのデータはしばしば、組織自体によるか、あるいは格付け会社による産物である。そこに、公正さに対する異議が唱えられるかもしれない。発展途上諸国におけるマイクロファイナンスのセクターは、情報収集の手段を与えられている。それはマイクロファイナンス・インフォメーション・エクスチェンジ（Microfinance Information Exchange, Inc. [MIX Market]）である。ただし、これは欧州におけるデータを何も収集していない。この非営利的な目的を持った組織は、投資家のために、マイクロファイナンスの組織に関する情報交換を促すことを目的としている。こうした組織は、これらの組織の経済的かつ社会的なデータを意のままにすることによって、明瞭な政策を促進するのである。このような全般的な情報に関する基本方針は、アクター達自身に由来する。与えられた情報は同時に、組織による産物でもある。このことは、疑いのあるデータの検査という問題を残すことになる。

この章において、議論の争点は、パフォーマンスないしはインパクトの分析結果を表すというよりはむしろ、問題の目安を設けることにある。データと先行研究の収集は、さらに強められる。第一に、我々は、評価の問題の現状を描く。このことは、パフォーマンスの分析から、個人に対するインパクトの分析へ移行することを正当なものとしている。第二に我々は、非競争的なコンテクストの中で連帯金融の貢献を問題にする。

連帯金融におけるパフォーマンスからインパクトの分析へ

連帯金融の場合、そのパフォーマンスは、金融の収益性に帰することができない。そうしたパフォーマンスは、《組織的な目標の性質や多様性が何であっても、それらの目標が実現されるものとして規定される。このような目標の実現は、厳格な意味（結果や達成）で、あるいは結果（活動）に導くプロセスという広い意味で理解されうる》（Bourguignon, 2000, p. 934）。こうした規定から、パフォーマンスの概念は、資源の利用やその有効性と効能をつうじたプロセス、並びにその諸結果を分析するように導く。そうした有効性の追求は、期限内に待ち望まれる結果を明らかにすることを伴う。その際の諸結果は測定されえるものでなければならない。このことは、指標ないし指数の作成に努めることを意味する。有効性を明らかにすることは、多元的なアプローチの中に組み込まれなければならない。それは、連帯金融の価値や合目的性のゆえである。しかし、社会的パフォーマンスを測定する手段は複雑である。それに関する決定的な研究は、わずかしかない。

連帯金融は、銀行セクターと異なり、金融サーヴィスに対するアクセスを促すことを目的としている。それは、諸機関の経済的、社会的、並びに政治的な資産を発展させるためである。このことは実に、債権者と債務者との間の不平等関係を再び均衡させることによって行われる。この目的は、複数の次元にわたって明らかにされる。

――マイクロ経済的次元。これは、収入の改善による人々の状態、社会的かつ政治的な資産の強化(Lapenu et al. 2004)、並びに社会的かつ地理的なアクセスの可能性などに関する研究である。

――組織的次元。これは、収益性、安定性、並びに永続性に関する研究である。

――マクロ経済的次元。これは、経済的かつ金融的な関係の組織に対するインパクトに関する研究である。

連帯金融の組織的、機構的、金融的、並びに社会的な発展性を、全般的な仕方で分析することが重要となる。

連帯金融の社会・経済的パフォーマンスから人々に対する権限供与へ

今日、連帯金融のパフォーマンスに関する研究は、個人に関するマイクロ経済的なデータ(貧困の点からのアプローチ）、組織に関する経済的指標（有効性の点からのアプローチ）、並びに社会・経済的な改善（社会的パフォーマンスないしは社会的効用の点からのアプローチ）という三つの点に同時に割り当てられている。

第一段階で、マイクロファイナンスを行う諸機関は、貧しい人々の需要に応じる。それらの人々は、住民一人当りの国民所得に対する信用供与の平均残高という割合を使いながら認証される（CGAP, 2001, p. 24）。もしもこの割合が二〇％以下であれば、マイクロファイナンスのターゲットは、非常に貧しい顧客である。そうした割合が一五〇％を上回る場合に、そのターゲットは、生活にゆとりのある顧客となる。両者の中間的な状態は、大きなターゲットを持った戦略に応じたものとなっている。このような比率から、ラテン・アメリカないしアジアの諸組織の間で、かつまた、規制された活動と非規制的な活動との間で、大きな地理的不均衡を確認することができる。

我々は、経営参加型モデルにおける非明示的な規則の存在によって、より貧しい人々の加入と参加が抑制されている点を見ることができる。かれらは、特別なターゲットを設定するプログラムがなければ、経営参加型プログラムから排除されるか、また自動的に差別されるか、あるいは見捨てられてしまう傾向がある。このことは、連帯金融組織の戦略が変更されるときに起こる。経済が拡大ないし成長する局面のとき、そうした組織はその活動を、より優れた顧客のグループに向けると共に、より貧しい人々の需要に対しては、わずかな注意しか払わないようにする。

連帯金融は今日、最も不利な立場にある人々、あるいは経済的なイニシアティヴから最もかけ離れている人々には関係しないことが確実であるように思われる。さらに方法論的には、貧困の規定自体も議論の対象となっている。それゆえ、経済発展の手段に関する役割において、連帯金融の有する能力を問う方がよい。そのような経済発展は、個人の生活条件における変化、かつまた、個人の社会的排除の状態を削減することに対する変化の要因になりえる。

生活条件の改善に対する連帯金融の貢献を議論するために、次の三つの指標がしばしば用いられる。第一の基準は、信用に対する女性のアクセス手段である。女性は、政治的かつ社会的な生活においてと同様に、経済的な生活においても差別された社会的カテゴリーに入ると考えられる。信用に対するアクセスは、かれらに対し、その自律と《権限の付与》を促進することによって、かれらの社会的資本を改善させることができる。このような考えの下に、南の諸国における数多くのマイクロファイナンスのプログラムが、優先的に女性に対して向けられたのである。

次いで地理的な基準（農村のゾーンと都会のゾーンとの間に設けられる）が、しばしば考慮される。近隣において融資の提供をつくり出すことが重要となる。それは、ある特定の場所（過疎化にある農村のゾーン、あるいは脆弱さを持った都会のゾーン）における商業銀行の不足を緩和するためである。数々の地域は、銀行や金融機関が何もない所のままとなっている。そこでは、非公式の金融と法外な高金利の実施が、人々を犠牲にしながら支配しているのである。

最終的に、信用を利用する上での基準がある。その際の信用は、設備ないし財務上の資金を必要とするために契約されるものである。そして、そうした基準は、連帯金融のインパクトを分析するために決定的なものとなる。実際に、第一の設備に必要な信用は、経済活動の開始、あるいはより永続的な経済活動の発展における長期的な信用である一方で、第二の財務上で必要な信用は、短期間のわずかな額のものである。

次の第二段階で、連帯金融組織による経済的パフォーマンスに関連した点が問題となる。それはしばしば、組織の機能上の永続性を示している。この点は、経営上の負担や市場利子率と比較した経営上の収益に関する研究に基づくことで分析される。ミックス・マーケット（Mix Market）の国際的データをベースとして見ると、マイクロファイナンスの組織の四〇％に関して、収益は負担分を上回っているのを知ることができる。そうしたマイクロファイナンスの有効性に関して、ポートフォリオの手段による行政負担の分析は、同じレヴェルのインプットに対して産出されるアウトプットの量を比較することができる。連帯金融の場合に、商業的、非商業的（贈与、補助金）、並びに非貨幣的（社会的絆、借り手の自律的選別）な性質を持った、金融的かつ人的な資源全体を再編させるようなインプットと、金融の商品やサーヴィス、及び非金融的商品から構成されるアウトプットとの複合を考慮することが重要である。

金利をめぐる議論はまた、このような問題提起の中核となる。連帯金融はその創設以来、日雇い労働者の階層あるいは融資が困難にある機関に課せられる高利貸しという金融的実践に反対してきた。したがって連帯金融は、高利貸しの金利を充当しないし、また、借り手のリスクのレヴェルと結びついた金利の上乗せもしない。フランスでは、連帯金融組織は、融資の決定前に知られた金利、かつまた各々の借り手のリスクから独立した金利を提示している。それゆえ、金利の個別化がそこには見られない。借り手はしばしば、書類の費用、あるいは連帯ファンドへの分担金のような義務的な費用を合わせ持つ。このことは、全般的な実効金利を増大させる。連帯金融はしたがって、高利を課すための支配的なポジションから利益をえるのではない。そうではなく、連帯金融は、融資に関する年々の全般的に付随した費用を課すことができる。この相違は、連帯金融組織にとって、融資への投資のコストに相当する。

同時に、パフォーマンスと結びついた決定的なファクターを考慮することが重要である。例えば、地理的な状況（人々へのアクセスや人口密度など）、法制的な形態や機能に関する原則、人的な費用、コストの外部化の可能性、並びに補助金へのアクセスなどが、連帯金融組織の財務上の持続性に対する諸結果に非常に大きな影響を与えることになる。同じく、経過期間、規模、財産の形態、並びに提供されるサーヴィスの種類の幅などもまた、明らかにされる諸特徴である。我々は以上より、これらのファクターが、組織上のモデルの選択に、かつまたその結果として、組織のパフォーマンスにも影響を与えることがわかった。

要するに、連帯金融組織のパフォーマンスに関する研究は次のことに基づいている。

――外生的ファクター。これは、ロケーション、人口密度、ローカルなインフラストラクチャー、開発に対する公的援助の重みなどのようなものである。

――内生的ファクター。これは、信用配分の方法論、報酬と結びついた問題、並びに組織的な選別のようなものである。


第三段階で、マイクロファイナンスは、二つのパフォーマンスを追求する。一つは、社会的パフォーマンスである。これは、増大する貧しい人々や排除された人々へのサーヴィスから成る。そしてもう一つは、金融的パフォーマンスである。これは、金融サーヴィスの質と適応力を改善することをねらっている。しかし、この社会的かつ金融的なパフォーマンスに関する規定は、《社会的》アプローチ、すなわち、貧しい人々をめぐる一時しのぎの活動に帰するアプローチと、《社会生活に関する》アプローチ、すなわち、社会的関係を、より永続的な発展モデルに転換することに専念するアプローチとの間で議論を引き起こした。社会的パフォーマンスのアプローチにおいては、二つの考えが対立している。一方で、《ウィン・ウィン》戦略の展開がある。そのために、社会的パフォーマンスの強化は、金融的パフォーマンスの強化に貢献できる。それは、顧客との関係や、かれらが組み込まれる社会・経済環境を改善することによって遂行される。他方で、連帯金融の、投資家や第三者（政府や市民社会）に対する比較優位の発展は、その効用を正当化するものである。

パフォーマンスに関する複数の指標を決定することは可能である。それらの指標は、連帯金融の社会的かつ経済的な諸々の目的を反映している。すなわち、そうした目的は、信用を割り当てられた人々の編入や、金利に対する直接的な効果だけでなく、活動ないし雇用の創出のような外部効果をも示している。ベール（Bert et al. 2009）によれば、フランスにおけるマイクロクレディットの評価という枠組の中で、社会的かつ経済的な効用は、雇用の創出数、企業の永続性、並びに不利な立場にある公衆の社会的編入によって見ることができる。財務監督局の報告の中で（Bert et al. 2009）、執筆者は、マイクロクレディット、フォロー・サポート、保証、債務負担免除、並びに失業手当の資本化によるプレミアムなどのコストを評価した。かれらは、連帯金融によって融資された活動をつくり出すコストは、公共団体によって融資された人々の無為によるコストを下回ることを示している。さらに、融資された企業の永続する割合は、創立した企業の永続する国民的規模での平均的な割合を上回っている。このパフォーマンスは、融資による社会的関係のシステムとしての連帯金融が有する性質によってと共に、書類による厳しい選別という枠組の中で関係を結んだパートナー達によっても理解される。

このような財務的な側面において、個人による活動をつくり出すことは、個人的にも、また集団的にも、失業ないしは無為を被る状態よりも一層利益になる。それにもかかわらず、これらのパフォーマンスの指標を表す基準は相異なっている。なぜなら、諸々の組織は、評価の同じ手段（指標の選択、監視の設立と時期）にしたがわないからである。

これらの要素は、コストや優位性という観点からの財務分析の枠組を乗り越えるものである。それらは、個人的かつ集団的なレヴェルで、連帯金融の経済的かつ社会的な効用を確証する。しかし、社会的評価のシステムに関するロジックは、全体的状況には必ずしも適用されないような諸々の指標を規定することになる。ある状況の中で、取り上げられた基準は適用されないか、もしくはローカルな現実と矛盾することを明らかにすることができる。例えば、信用に対する女性のアクセスは、かれらの状況が悪化することで現れる。そうした状況は、女性が夫の圧力の下で、かれらに与えられた信用を夫に譲渡せざるをえないときである。それゆえ、ローカルな社会・経済的制約は、評価に統合できるものでなければならない。

連帯金融の社会的かつ経済的なパフォーマンスに関する議論は、より大きな問題を引き起こす。これらの議論は、富の指標に対して当てられたものと共鳴する。すなわち、それらの議論は、貧困とその評価をいかに測定するか、連帯金融の社会的インパクトを、いかに目に見えるものとするか、並びに連帯金融の出資を、他の金融仲介機関とは異なる基準によっていかに算出するかなどの問題である。

顧客とその家族の収入や生産的活動に対するインパクト

そうしたインパクトの分析は、公的かつまた私的なファンド出資者の要求にしたがって発展する。それらの出資者は、自分達の投資を正当化することを願っている。目標となる人々から生み出される、あるいはプログラムで固定された目標と関連して生み出される変化はいかなるものか（農業生産の改善、経済活動の多様化ないし、それと反対の特化など）。連帯金融のプログラムに付与された一ユーロ当りの投資の見返りはどれほどか。貸付による顧客の収入増はどれほどのものか。

以上のようなインパクトは一般的に、ある活動から直接的もしくは間接的に展開される変化の総体として規定される。この分析は、個人、その家族、企業、ローカルあるいは国民的な環境に関連する。それは、複数の領域（経済的、社会的、人類学的、公衆衛生的などの領域）に応じるものとなる。連帯金融において、これらの変化はいくつもの次元で表される。

――経済的次元。これは、収入あるいは資産の改善を示す。それは、諸活動、顧客の貯蓄水準、並びに雇用創出の強化・拡大もしくは多様化により、貨幣的ないしは非貨幣的な資産を均等にすることで遂行される。

――社会的次元。これは、生活条件の改善、子供達の就学化、治療に対するアクセス、住宅の質などを示している。

――政治的次元。これは、家族やコミュニティにおける個人のポジション、《社会的資本》の形成

（コミュニティの発展とその役割、女性の《権限》）などで表される。

個人に対するインパクトをめぐり、連帯金融はまた、一連の手順や地域に対して全般的なインパクトも与えることができる。それは、次のようなものを軸とした分析が示しているとおりである。

――金融市場と銀行の普及。この点は、社会的かつ地理的な最良のアクセスや、新しい商品とサーヴィスなどを示す。

――財とサーヴィスの市場。

――労働市場。これは、雇用の創出、労働の流出入のダイナミズムなどを表す。

連帯金融ないしはマイクロファイナンスのインパクトに関する分析は、一般に二つの次元にしたがって考察される。すなわち、一つは、顧客とその家族の収入や生産活動に対するインパクトであり、もう一つは、顧客とその家族の生活条件に対するインパクトである。これらのインパクトの分析は、《発展のために想定された非常に古くからある目標》（教育、女性の地位、健康、環境）との関連で組み立てられる。貸付の活動といっしょに、これらの目標とされたセクターは、今日、他の付随的なサーヴィスのインパクトをめぐって問われている。そのようなサーヴィスは、貯蓄、マイクロ保険、あるいは他の非金融サーヴィス（携帯電話、住宅、健康）の発展のようなものとして示される。

連帯金融は、顧客の生活における根本的な転換をもたらす淵源に必ずしもつねになるものではない。ただし、そのことは、組織やそうした金融手段を支持する者によって、何らかの《サクセス・ストーリー》が明らかになる場合を除いている。しばしば、信用によって支援された活動が生み出す収入は、まず、顧客の依存（資金提供者による信用供与、高利貸しによる信用供与、あるいは家族による信用供与に対する依存）を減少させる。それは同時に、生活条件を改善（端境期の減少、食生活の改善、教育と健康への支出増大、耐久消費財の購入、住宅の改善）させるのに役立つ。経済活動に再投資する割合は非常に変わりやすい。それはとくに、信用の古さや出発点の経済水準にしたがっている。

連帯金融は、貯蓄の創出によって事態を改善することに貢献する。そうした貯蓄の創出は、それが信用と結びつくときに、自発的ないしはほぼ義務的なものとなる。この貯蓄は、経済的な都合の悪いときに対して行うことができる。したがって、連帯金融は、設備に関する融資ないしは資本化を可能にするような、組織化を促す役割をもはや持っていない。すなわち、連帯金融はしばしば、プロト資本主義的な活動（付加価値をつくり出すことのない商業活動）、ないしは蓄積による《効力をもたらすサイクル》を開始できないようなマイクロ企業の形態の下で生き延びる活動、を再生産するために利用される（Servet, 2006）。この趣旨に沿いながら、集団的プロジェクトの部分が金融プロジェクトにおいて脆弱である、という事実について問うことができる。実際に、個人的な企業家のパラダイムが、融資の利用において最も重要であるように思える。この点は、たとえ融資自体が、コミュニティの事柄であったとしてもそうである。それゆえ、より《集団的》な考えで、生産構造の方向を変えることが当をえている。

連帯金融の、ローカル・マーケットの機能に対する、またコミュニティの組織に対する、あるいは、よりマクロ経済的な他の指標に対するインパクトを問うことが、依然として重要である。

金融サーヴィスに対するアクセスは、商業化のネットワークに影響を及ぼす。それは、取引の量や、地理的な（商業のローカル・マーケットから、都会のセンターに向けられた長距離の経路のような）、あるいは一時的な（在庫の可能性のような）領域を変更することによってである。労働市場に関して、農業における日雇い労働者の雇用の発展や、自律的な経済活動のシステムないしは賃金交渉の改善の進展によって、労働報酬を増大することができる。不動産市場に関して、信用に対するアクセスは、地域的に資本の不足によって分益小作の実践を低下させるか、あるいはまた、それと反対に、土地を持っていない小作人の信用に対するアクセスのおかげで、小作料を増大させるように導くことができる。金融市場に関して、我々は、人々に近い所でつくられる銀行口座の開設数の発展を確認できる。そうした発展は、人々が寄与する部分を増すことにより、また地域のネットワークを改善してそれを濃密にすることにより行われる。それにもかかわらず、そこで投資される量と額は控え目なままとなっている。

フランスのケースにおける社会・経済的効果に関する最初の探究

我々は、方法論を構築することに関して、事前に考察するように提案する。それは、受益者の問題を中心とする量的なアプローチを乗り越えるためであり、また、連帯金融の社会的かつ地域的な活力に関心を寄せるためである。主たる目的は、連帯金融の、マイクロ経済的かつメゾ経済的なレヴェルに対する、直接的及び誘引的な効果を問うことである。

第一に、連帯金融は、数多くの支部や常設の窓口を設けることによって、地域の組織的なネットワークに参入する。二〇一〇年にアディは、一三〇の支部と四〇〇の常設窓口を配置し、フランス・イニシアティヴのネットワークは、二四〇以上のPFILを数えた。また、フランス・アクティヴも、四〇の地域ファンドと連携した。これらの組織は、諸地域間の再均衡化に参画する。このことは、金融サーヴィスが不足している所に、それを提供することで遂行される。こうした連帯金融の効果を測るために、それらの支部を数え上げて位置づけること、さらには、その存在を銀行の供給と比べてみることがふさわしいと思われる（FIMOSOL, 2007）。同じように、各地域の金融団体は、その地域の金融的な連帯を喚起し、それに対応する。ここで、集められた貯蓄を、与えられる融資と関連づけることが適切である。

連帯金融はさらに、経済的なテコの効果を生み出す。金融的なテコの効果は、借入れを有効な手だてとすることによって、企業の自己資本の収益性を増大することにある。その際に可能となる指標は、テコの効果、活動の永続性の割合、職業上の社会的編入の割合、雇用の創出の割合などである（Guérin, 2002）。

最終的に連帯金融は、組織的な効果と、社会的な仲介を生み出す。同時にそれは、組織と管理の規律を変更すると共に、金融的かつ社会的な仲介を、融資の新たな諸形態（新商品、アクセスの条件など）をつうじて連結させることになる。

連帯金融は、社会的かつ地域的な活力に複数の仕方でインパクトを与える。それらは、経済成長に対する効果（プロジェクトの保持者の収入、連帯金融の機関の収入、地域の収入、民間投資と公共投資、不動産、労働、並びに財・サーヴィスの市場などに対する）、再分配の効果、並びに社会的な活力に対する効果（規律の変化、新たな社会的媒介の形態など）である。

連帯金融はまず、ローカルな貯蓄や、再分配と投資による収益を結集する。これらの資金は、ローカルな生産単位（融資に対する選別の基準）に投資される。それは、経済活動あるいは雇用をつくり出すためである。

こうした収入の増大は、消費と投資の活力を生み出す。労働市場については、職を求める人の数の減少と職の供給の増大によって改善されることが想定される。不動産市場については、商業的事務所とメインとなる住居の需要増大によって改善が見られる。財・サーヴィスの市場については、供給されるサーヴィス（金融サーヴィスやその他の近隣のサーヴィス）の増大による市場の改善が見られる。

次いで、銀行による資金の結集は、地域と社会的カテゴリーとの間で行われる富のトランスファーを開始させることができる。それは、再分配効果の要因となる。このような富のトランスファーは、連帯金融における融資の負担額や銀行の共同融資額によって評価される。これらの指標は、プロヴァンス－アルプス－コート・ダジュール地域のＰＦＩＬに関して、最初の分析対象となった(Richez-Battesti et Gianfaldoni, 2006, p. 19)。

最終的に、連帯金融の大きなインパクトは、銀行に対して、銀行信用から排除された人々の部分に貸し付けると共に、自由に利用できる信用額を増大させ、そしてかれらに職業訓練のプロセスを開始させるように促すことである。このようにして、組織の規律(例えばフォロー・サポートの考慮)や管理の規律は変更される。連帯金融は、借り手の一部を支払い可能にすることができる。それは、選別の新たな基準を動員することによって遂行される。それらの基準は、道義上の保証、ネットワークへの帰属、信頼関係などである。連帯金融はしたがって、満たされない借り手をまとめると共に、銀行の金融的実践を進展させることができる。

方法論の観点からは、二つの主たる制約が明らかになる。一方で、実際のインパクト、ないしは、事態の改善を連帯金融がもたらすことは難しい。変化は、特別な状勢あるいは外生的な現象と結びつくかもしれない。他方で、インパクトの分析において、信用の代替性を考慮することが基本となる。なぜなら、家計とマイクロ企業との間のはっきりとした境が欠如していることは、与えられたファンドの《流通履歴の追跡可能性》を妨げてしまうからである。事実、借り手の大部分は、複数の活動を行っているし、また、かれらへの信用は、家計の予算における他の資金によって《ファンド》されている。それゆえしばしば、複数の活動が同じ信用によって融資されたり、あるいは、信用が生産的投資と家計の消費との間で再配分されたりするのである。

家計の選択は、諸々の戦略が持つ複合的なロジックに関係する。それらの戦略においては、社会と経済が密接に結びついている。生産的利用と非生産的利用との間の区別は、必ずしも的確ではない。この点は例えば、次のようなことなどで示される。栄養をよく与えることは、大人の労働のキャパシティを促進する。自転車は、財を販売するためにそれを輸送することができる。また、祭りで引き起こされる費用は、社会的関係のゲームに組み込まれる。このゲームは、危機の時期に家計の経済的脆弱性を制限する。それは、保護などによる社会的ネットワークの形成のおかげである。

連帯金融における参加者の評価をめぐる問題の争点は、重みのバランスにしたがって、異なる目的を含んだ基準をつくり上げるに至ることである。それらの目的は、共同参加する集団によって受け入れられる。それは実に、かれらの異なる活動のロジックや、かれらの反論を尊重することによって行われる。そのために、そうした組織は、会員による運営参加のプロセスに支えられる。そのプロセスの中で、共同参加する集団は、基準の構築に寄与するのである。

金融システムにおける連帯金融の位置づけ：競争的かそれとも補完的か

連帯金融に関する市場は、資金提供者の数を限って集中させる。しかし、標準的な経済理論、とくにE．S．メイソン（Mason, 1939）とJ．ベイン（Bain, 1956）にしたがった、《構造―行動―成果》というパラダイムは、市場における強い集中が、その有効性を妨げることを予想している。銀行市場の場合に、銀行の支配的地位は信用コストの増大を導く。したがって、資金提供者の集中とそのわずかな存在は、連帯金融の有効性を低下させることになると思われる。

これに対して、より情報学的なアプローチ（Eber, 2001）は、集中した銀行市場が、効率的な銀行セクターの結果かもしれないことを示している。そこで問題となる争点は、成果の指標に対する市場構造の影響を理解することにある。それらの指標は、一般に商品の価格や利潤の水準によって表される。

もしも、連帯金融の市場が競争的市場でないならば、この状況は、自由を奪われた顧客に対する市場の力の要因であるかもしれない。そのようなセグメンテーションは、連帯金融の有効性を問うであろう。すなわち、そうしたセグメンテーションは、資源配分における非効率性の問題を生じさせると共に、市場の力をも生み出すことができる。この市場の力は、連帯金融をその社会的合目的性から遠ざけてしまう。しかし、そこでは他のロジックが、現実の状況を理解するために考慮されるのである。

連帯金融の市場の非競争的構造

連帯金融の市場構造は、用いられる集団的関係のシステムから生まれる特殊性を表している。この事実から、そうした市場構造は、純粋で完全な競争状態という見地の下で専ら分析されるものではない。連帯金融の市場構造は、金融仲介者間のわずかな競争によって特徴づけられる。つまり、このことは、参入に対する異なった性質の《障壁》の存在によって、かつまた、大きな差別化によって理解される。同じく、他の金融仲介者が、この市場のニッチに入り込むことはない。なぜなら、かれらは、特定の型にあてはまらない借り手の質に関するリサーチには投資しないと共に、かれらの借り手に対してたんに信用を割り当てることの方を好むからである。この結果として、連帯金融の市場は、顧客の市場に類似している。

連帯金融の市場は、連帯組織から生まれる融資の供給と、満たされていない借り手や貯蓄者による金融サーヴィスの需要との出会いに起因する。そうした市場はまた、取引の性質とそこで用いられるコーディネーションの規則によって規定されている。しかし、貸し手と借り手との間の関係は、近隣の関係であり、個人間の関係である。この関係は、競争的市場の有する匿名的かつ自発的な関係と異なっている。そこでは、A．オクン（Okun, 1981）の考える《顧客の市場》が重要となる。それは、諸活動の反復や、買い手と売り手の間の永続的関係に基づいている。こうした強い集団関係的な性質は、競争に対して大きな障害となる。同時に、その他の複数の参入障壁も存在する。それらは、連帯的な融資関係の特殊性と結びついているのである。

顧客の市場の要因となる、連帯的融資関係の個人化と差別化　連帯的な融資関係のシステムは、長期的関係の強い個人化、並びに顧客の市場の要因となる社会的絆の形成に基づいている。顧客やパートナーと、そうしたシステムに共同参加する集団との関係が存在することは、参入障壁の要因となる。

融資上の諸特徴（融資額、金利、保証）は、本来的に、借り手のプロフィール、金融仲介者の行う評価、並びに既存の信頼関係と結びついている。そしてこのことが、ユニークな関係を成す。顧客の特徴にしたがった金融商品の個人化は、連帯的融資のケースにおいて強められる。実際に金融仲介者は、相互活動のくり返しによって、優れた質の情報を蓄積する。連帯金融による融資のプロセスは、金融商品の特殊性という根本的な観点から、資金の需要者間における差別化を促すのである。

このような考えは、オクンの継続的な研究に組み込まれている。かれは、《競売の市場》と《顧客の市場》とを区別する。後者は、非明示的な契約に基づいている。この契約は、顧客に対し、長期的関係に投資するように促す。それは、景気循環の上で困難にあるとき、融資に対するアクセスを保証するためである。銀行市場におけるこのような特徴は，複数の研究によって確認されてきた（Rivaud-Danset, 1996 ; Eber, 2001）。

参入に対する内生的かつ情報的な障壁の存在　連帯金融に関する顧客の市場の特殊性は，内生的かつ情報的な性質の参入障壁を意味している。連帯金融は，顧客とのより密接な関係に支えられる。それは，かれらの好みを知り，それを満足させるためである。このことは，資金供給の差別化と個人化を引き起こすことができるような，集団的関係による融資を提示するように行われる。連帯的融資の提供は，都合に合わせた産物であり，それはまた，サーヴィス関係と暗黙の契約という枠組の下に共同でつくられた産物を表している。その結果，連帯的融資の集団関係的性質は，個人間の相互活動に根づくものとなる。そうした性質は，連帯的な金融仲介者が，内部の情報に関する超過利潤を思うように利用し，また，かれらに競争相手と比べて優位性を与えるように導く。

さらに，機構的もしくは金融的な性質の障壁が現れる。貸付と貯蓄収集の活動を規制するような規律による制約（総額，貯蓄の収集条件，貸付活動の制限）は，市場に参入することを願う競争者にとって金融コストをもたらす。出発点の資本，それは，貯蓄の収集によるものであれ，また，信用ラインもしくは贈与や補助金によるものであれ，連帯的な融資活動を設ける上で必要不可欠なものである。このシステムを構成するようなパートナーを配置することは，同時に参入障壁に類似している。すなわち，これらのパートナーは，金融的かつ人的な大きなコストを表すことになる。

これらの参入障壁は、ある機関にとって市場の力の要因となりえる。そこでの機関は、生産の限界コストの異なったレヴェルに対し、一方的な仕方で価格を固定することができる（Dietsch, 2005）。連帯的な金融商品の市場の場合、それらの商品は、商品間の代替性を変更すると共に、金融仲介者をも変更させられる。最終的に、それらは、資金供給の集中度を促すことによって、市場に関する資金供給者数を潜在的に減少させることになる。

連帯金融の市場のセグメンテーションと集中

連帯金融に関する諸組織の行動を観察することは、それらの組織間において競争が欠如していることを明らかにする。それは、借り手の特徴と、融資の金融的かつ非金融的な条件に応じた市場のセグメンテーションのためである。

第一の差別化は、借り手のプロフィールに支えられる。これによってD. メスキータ（Mesquita, 2009）は、ノルマンディー北部において連帯金融のセグメンテーションが存在することを確証する。そこでメスキータは、マイクロクレディットの顧客と、名誉の貸付（無利子による長期貸付）の顧客との間で大きな変わり様があることを専ら明らかにする。マイクロクレディットの連合組合はどちらかと言えば、若くて職がなく、また学歴が乏しく、さらには、よりしばしばBTP[1]のセクターに属するような顧客を選別する。これに対し、名誉の貸付の連合組合はむしろ、年をとっていて雇用へのアクセスがそれほど難しくなく、かつまた、より高い学歴のレヴェルを持った顧客を選択する。さらにこれらの顧客は、基本的に、商業とサーヴィス活動のセクターに属している。このようなセグメンテーション、すなわち顧客の社会・経済的特徴に基づいたそれは、融資の手段や手続きによって強められる。

事実、連帯金融の諸組織は、二つの異なった金融の変数に応じて特化している。第一の特化のレヴェルは、金融の取引に応じて作用する。それは、連帯的な貸付による資金配分であれ、また連帯的な資本‐リスク団体への出資であれ進められる。例えば、そうした連合組合は、連帯的な貸付による資金配分に特化する。他方で、金融団体の方は、バランスシートの枠を超えて出資することを優先する。第二の差別化は、投資される額によって有効となる。すなわち、一方で一万五〇〇〇ユーロ以下の融資があり、また他方では一万五〇〇〇ユーロを上回る融資がある。

連帯金融はさらに、地理的な差別化の戦略を促す。それは、顧客を分離する距離を縮小させると共に、かれらとの直接的な出会いを促進させることによって行われる。伝統的な銀行の理論は、地域的な隔たりと、情報コストや借り手のコントロールのコストとの間に見られるポジティヴな相関関係を前もって設けている（Eber, 1999；Dietsch, 1993）。換言すれば、企業に関する情報とコントロールのコストは、地理的な融たりに一方的に依存することが想定されている（Salop, 1979）。このような一方的関係が、最も顧客に近い金融仲介者に対する比較優位を、地理的な差別化という根本的な観点から導くのである。

連帯金融の、自由を奪われた顧客と市場の力

連帯金融の顧客は、他の代替的な融資を受けていない機関である。この結果、連帯金融は、融資にアクセスする他の手段を持っていない借り手に対して支配的な地位についている。これらの借り手が、非公式な融資（家族ないし友人から生まれるもの）に頼ることは可能である。しかし、そうした融資はしばしば、あまりに制限されているか、あるいは、かれらの経済的需要に見合わない。結果的に、連帯金融は度々、唯一の公式の金融関係を成すことになる。

このような状況の中で、借り手はそれゆえ、連帯的な融資関係に全力を注ぐことに大きな関心を寄せる。それは、プロジェクトが成功する確率を最適なものとするためである。第一段階で、資金を割り当てられた借り手は、かれらの経済プロジェクトのための金融関係を金融仲介者との間に持っていない。唯一、かれらに融資を提供する連帯金融との関係を構築する可能性を有するだけである。もしも、第一段階に融資を受け入れるのであれば、かれらは、連帯金融のおかげで補足的な銀行融資にアクセスすることができる。そして第二段階で、《優良な》借り手は、連帯的融資を更新する必要なしに銀行融資にアクセスする。これと反対に、その《評価》が必ずしもつねに決定されていない借り手は、連帯的融資をえることができるか、もしくは連帯的融資を拒絶された場合には

融資から排除されてしまう。したがって借り手は、第一段階に、連帯金融組織との間で専一的な関係をつくり出す。他方で第二段階に、借り手は、もしも第一段階に与えられた信頼の栄誉を有するのであれば、他の金融仲介者との間で金融関係を発展させる。

このような相次ぐ融資のプロセスの中で、連帯金融は、第一段階に自由を奪われた顧客に対して、市場の力を獲得する。この力は、連帯的融資の特徴である長期的関係における個人化と責任の負担によって強められる。

連帯金融の仲介者が受ける情報上の超過利潤は、資金配分に関して大きなリスクをもたらすように思われる。逆説的に、そうした利潤はまた、金融仲介者が長期的関係に投資されることに対して決定的な誘因となるように思える。実際に、情報上の超過利潤は、長期的関係に全力を注ぐ気のある金融仲介者にとって、それに見合うものである。この長期的関係は、出発点でコストがかかると同時に、成功の確実性を提供するものではない。こうして、情報上の超過利潤から生まれる利益は、集団的関係による融資を実施する上で必要となる。しかし、この超過利潤は、一時的なものであるままか、あるいはコントロールの下にあり続けなければならない。

連帯金融は、借り手に対して《支払いの遅延（ホールド・アップ）》の現象をつくるか、もしくは《投資資金の固定（ロック・イン）》の効果を生み出すことができる。それは、代替的な融資と長期的関係の設定の欠如、という理由による。連帯的融資は、比類のない内部情報源となる。この情報源を、連帯金融の仲介者は保持することを望むことができる。

富の無償供与を偏愛するリスクに対する連帯金融の原動力

《支払いの遅延》という現象は、連帯金融に関する論争の要因となりえる。実際に連帯金融は、顧客に対して力を獲得すると共に、市場のニッチに位置づけられる。このことは、連帯金融が大きなマージンを取り出せると同時に、社会的な合目的性にその向きを変えることができるおかげである。これらの問いかけは、一般にマイクロファイナンスに関する議論で非常に問題となっている。あるオブザーヴァーは、南の諸国、とくにアジアでのマイクロファイナンスの機構における水増し請求の傾向を告発している（Guérin, Lapenu et Doligez, 2009）。

連帯金融の場合、水増し請求を実行したことはわずかしか見られない。富の無償供与を偏愛するという現象が限られているのは、共同参加する集団を動員するということによって理解される。かれらは、連帯金融の社会的効用によって動機づけられると共に、組織による実践を監視するのである。

全体の需要に比べて不完全な連帯金融サーヴィスの提供

連帯金融の場合、連帯的な集団的関係による融資の期間は無限ではない。その期間は、《優良》な借り手に対する融資に関して、最初の段階に限られている。さらに、金融関係の独占的な権利は唯一、職業的貸付に適用される。

したがって連帯金融の関係は、金融関係の期間とその排他的な性格という点で不完全なものである。現在、連帯的な融資は、経済活動を再開するための融資に焦点を当てるか、あるいは、銀行融資が中断された場合に出動する。連帯金融はもはや、職業的な銀行サーヴィス（小切手勘定、貯蓄、支払い手段）にアクセスすることを保証できる状態ではない。

実際に連帯金融は、次のような金融関係の要因となる。この関係は、それがもし成功するならば、銀行による古典的な資金流通への借り手の編入を促す。事実、連帯的な融資は、最初の融資がまとまって償還されると、それは明らかでなくなるか終結してしまう。そうした融資は、財務上の困難を有する借り手にとって、より長期的なものになるかもしれない。というのも、かれらが銀行へ編入するのは、より難しいことだからである。

さらに、連帯金融は、銀行機関のカテゴリーに属するものとして公式には知られていない。それは、支払い手段や当座預金の管理のような、ベースとなる銀行サーヴィスを提供することができない。そこで提示される金融商品は、二つのカテゴリーに限られている。一つは、経済活動の目的を持った職業的もしくは個人的な貸付であり、もう一つは、定期預金（FCP、通帳預金勘定など）[2]や社会的貢献である。また、連帯的な金融商品の供給価格は、顧客にとって必ずしも非常に得なものではない。貯蓄はわずかしか見返りを得ないし、信用コストは優良な借り手にとって、銀行と比べて競争的でもない。とくに銀行間貸付金利がわずかであるという経済状勢のときにそうである。

連帯金融は、評判の及ぼす効果に対して非常に敏感である。この評判は、顧客、借り手、並びに貯蓄者に対するものだけでなく、私的かつ公的なパートナーに対するものでもある。これらのアクターは、その活動の融資に参入する。そこで評判は、貯蓄の収集増大を助け、また、パートナーから生まれるミックスされた資金に対する連帯金融のアクセスを容易にすることができる。

補足的な融資の結集と銀行の加入

連帯的な融資の場合に、補足的な融資の結集は、最初に行われる融資のときには必ずしもつねに見られるものではない。それはとくに、信用割当てにより強く影響を受ける諸個人ないしプロジェクトを相手にする組織に対して示される。しかし、この状況は変化する。例えば、有機農業ないしは再生可能エネルギーと結びついたセクターが、一九八〇年代に銀行の信用割当てによって強く影響を受けたとしても、それらのセクターは今日、銀行が用いる基準の対象となっている。それは、信用割当てが行われる確率を低めることになる。

金利水準に関する監視は、一面では、連帯金融の資金源と再融資の特殊性によって理解される。連帯金融の資金の大部分は、個人的な貯蓄者や、公的なパートナー（主として地方自治体）と民間のパートナー（銀行、企業）のような、共同参加する集団から生み出される。これらの共同参加する集団は、かれらの貯蓄がわずかな報酬しかえられなくとも、そうした貯蓄を運用することを受け入れる。かれらはまた、連帯金融の社会的合目的性や、そうした金融が職業倫理を尊重する中で、その地位から不当に利益をえることがないような暗黙の責任、というような理由によってファンドを与えることを受け入れる。こうして、融資に対するアクセスの平等性を促すという連帯金融の社会的目的は、リスクに応じた差別を行うことなしに、大きな利潤から生じる優越的な地位によって利益をえないような貸し手の責任を伴わせることにある。連帯金融の、欠如しているかあるいは制限された営利性、並びに共同参加する集団の連合が、金融上の圧力を減らすと共に、不当な金利を課すことによって《支払いの遅延》が具体的に生じるようなリスクを低めることを可能にするのである。

結　論

連帯金融のパフォーマンスと評価に関する問題は複雑である。なぜなら、連帯金融は、社会的次元と経済的次元とを結びつけるような評価手段において、規範となる理論の出現を想定しているからである。社会的評価の中で、改善は依然として行われている。一方で、補完的な経済分析は、集団的な社会的コストとローカルな市場の活力（経済活動、金融、並びに雇用の点での）に対する効果を分析するために発展している。他方で、社会・経済的分析は、借り手の個人的状況（収入の増減、社会的保護）に対する効果を評価するためにも用いられている。

次いで、変数の選別、モデルの使用、並びに諸結果の解釈が、政治的かつ戦略的な選択を展開する。同時にそのことが、共同参加する集団全体をつくり上げる上で、かれらをまとめるものでは必ずしもない点を思い起こすことが重要である。

したがって、社会的なパフォーマンスは、人々の生活条件の改善を測るための、また、連帯金融の構造の経済モデルを評価するための、そして対外的金融に対する競争上の優位性を構築するための指標となる。この後者の目標が優先されるとき、連帯金融による社会的転換という大望は、より一時しのぎ的な活動や金融上の編入に役立つことによって小さくなってしまう。

さらに、連帯金融は顧客の市場に対して支配的なポジションをとる。なぜなら、そこでの借り手は、融資に関して他の選択を持っていないと共に、複数の参入障壁が存在するからである。このような状態は、連帯的な集団的関係による融資によって強められてしまう。そして、この融資が、競争上の優位性をつくり出す。しかし、そうした状態がもたらす有害な効果（水増し請求や返済不履行）は今日、連帯金融において見られない。この有害な効果が欠如していることは、次の三つの主たる要因によって理解される。

――連帯金融は、顧客に対して金融サーヴィスの全体を提供できない。したがって連帯金融は、銀行機関と協同で仕事をせざるをえない。そこでの銀行は、その借り手や貯蓄者の銀行勘定を管理する。

――連帯金融は、補完的な融資を促進する。なぜなら、連帯金融は、投資のキャパシティを制限されているからである。このような事から、連帯金融は、あまりに高い金利を課すことができない。そうした金利は、借り手に対する共同融資のキャパシティに影響を与えてしまう。

――連帯金融は、借り手、貯蓄者、並びにパートナー達に対する評判に目を向けなければならない。

一般的結論

連帯金融とマイクロファイナンスは、一九八〇年代における変化の中で、開発政策の枠組において貧困と対決し、それをなくすための解答を与えた。しかし今日、理論家は、そうした期待を控え目なものとしている。連帯金融は、貧困を解消するというよりはむしろ、人々の経済的不安を減少させ、また、金融と銀行からの排除に対決し、不平等を少なくするか、あるいは人々の収入を増すことに対して、より専念しているのである。

連帯金融の研究は今日、金融・銀行危機によってはっきりと示された経済的かつ政治的な情勢に組み込まれている。そうした危機は、実体経済の金融における銀行の役割を問うと共に、《クレディット・クランチ（信用収縮）》の不安を再び新たなものとしている。しかし、これらのプロセスは、成長に対する有害な効果を有する。このような状況は、金融活動の新たな調整に対して考察することを促している。

連帯金融は、銀行信用に対するアクセスの条件を問題にする。一方で、金融仲介者、主として銀行は、実体経済に対する貸し手の役割を減少させようと試みる。それは、金融証券の満期変換を行う投機者としての役割の方が有利になるようにするためである。これらの戦略は、マイクロ経済的かつマクロ経済的なレヴェルでネガティヴなインパクトを与える。このような状況に直面して、連帯金融は、銀行もしくは市場による金融にアクセスできない人々に対して、生産を行うための金融需要に応じることを提示する。連帯金融はまた、生産的領域と金融的領域との間の根本的なつながりを再び活発にする。

本書は、連帯金融が集団的関係による融資のシステムであること、そして、そうしたシステムが、商業的、資本主義的、並びに家族的な融資の方式と区別されることを示している。連帯金融は、複数のコーディネーションの原則に基づく。それらの原則は、商業的原則（価格）と非商業的原則（因習や信頼）である。このようなことを概念で表すことによって、我々は一般的な、かつまた容易に観察できるような特質を識別するに至る。そして、この識別が、連帯金融組織を他の金融取引業者と区別させることを可能にする。

連帯金融はしばしば、一時的な融資としての最も小さな現象である。オブザーヴァーや政治家は、エコノミストと同じように、とりわけある組織を形成するための金融システムの構築や経済システムの活性化に対するかれらの貢献を推し測るようには思われない。連帯金融は、しばしば目に見えない。しかし、それは、成長の時期と同じく危機の時期にも、永続的で活発な金融システムである。今日、連帯金融の復興は、銀行による借り手の選別が増す中で、かつまた競争上の調整にしたがった銀行どうしの関係正常化の中で根づいている。現実の機構面での状況は、社会化の行われる空間を狭めている。それは、集団的というよりは、むしろ個人的な保証や保険の形態を促進するような標準化や機関化のプロセスに役立つためである。

実際に、唯一、商業的かつ資本主義的な原則によって支配される金融・銀行システムは、こうして緊張を導くような借り手である企業家を排除しようとする。連帯金融は、連合組合的かつ協同組合的な金融組織を設けることによって、信用の調整を容易にすることを提示する。このことは、貯蓄を共有することにより、また貸し手間のリスクを保証することにより、さらには、商業的かつ非商業的な管理の諸原則を結びつけることにより行われる。これらの実践に関する研究は、信用の社会的次元と、経済活動の中核におけるそのダイナミックな機能を検討し直している。同時にそうした研究は、集団的かつまた個人的な福祉を改善するという観点から、ローカルな生産的活動を維持するために金融活動を再び地域化するように仕向けている。連帯金融は同じく、資源やリスクを共有するために、貸し手（銀行、国家、個人的貯蓄者）の間の一層の協力を促す。なぜなら、信用へのアクセスは、集団的な福祉の改善に寄与するからである。

今日、連帯金融は、金融セクターの中に組み込まれている。このことは、たとえその地位が、量的に見て低いままであり、また機関として見てマージナルなままであってもそうである。連帯金融は、銀行によって認められている。銀行は、連帯金融の重要なパートナーになっている。また、連帯金融は、地方自治体によっても認められている。それは、経済活動による社会的編入に関する公共政策の中に、企業の創設とその発展に融資する手段として組み入れられる。連帯金融は同じく、賃金による雇用、もしくは自立した雇用へ復帰することに向けた懸け橋として考えられる。融資の制約に直面して、連帯金融は金融統合を助長する。それは、融資へのアクセスを改善し、融資コストを削減し、さらには融資期間における連帯的な融資関係を保証することによって行われるのである。

それにもかかわらず、連帯金融の合目的性や、その使用において矛盾が依然として存在する。連帯金融は一方で、労働者の社会的保護の悪化というリスクを冒しながら小さな商業的企業の飛躍を促す。しかし他方で、連帯金融は、商業的かつ競争的な環境の中で集団的組織の発展を奨励する。企業の創設を是が非でも奨励することは、連帯金融のまとめ役としての役割を危険に晒してしまうことになる。連帯的融資は、フォロー・サポートを意味している。このことは、財務上の制約の時期にも弱められないかもしれないし、また正当化されないかもしれない。さらに、企業家を鼓舞することが、貸付による諸々の影響を過小評価することになってはならない。なぜなら、負債の超過が有するリスクは、企業が倒産する場合に強くなるからである。

連帯金融の合目的性とその使用に関する諸矛盾を明らかにすることは、連帯金融の将来が依然として構築途上であることを証明している。個人的な企業家を有利にするという状況の中で、連帯金融は唯一、事業の開始段階に融資する使命を持っているように思われる。企業家は、一旦返済ができるようになると、銀行の方に向かってしまう。同じく、連帯金融は、より倫理的な金融を追求することに直面して、需要を新しくつくり出す。それは、金融商品に関してイノヴェーションを行う。市場が安定しているとき、大きな銀行は、かれらの金融商品全体を発展させると共に、最重要な資産を獲得する。この結果、連帯金融はマージナルなままとなる。というのも、かれらの将来の顧客は、新たな金融サーヴィスに対して返済可能であり、また支払いできるようになることによって、連帯金融から遠ざかり、そして銀行に向かって進むからである。しかし、連帯金融は、絶対的なリベラリズムと国家の介入との間の調整という、新しい形のヴェクトルになりえるであろう。このことは、経済活動の《倫理的》なアプローチから形成される第三の道として提示されるであろう。社会的かつ連帯的な経済から社会・経済モデルの発展が高まる場合に、連帯金融は、それに対する認識とそのセクターに対する査定のゆえに、融資の重要な形態になるであろう。

連帯金融の諸組織は、それらの発展にもかかわらず、その将来に関して、依然として問われるであろう。我々は不平等性に対決する闘いのテコとして、連帯金融に対する熱い想いを宣言しよう。

このことは、融資を著しく増大する必要のある連帯的な組織に対して圧力を生むであろう。議論の争点は、経済の諸活動を実に発展させることによって連帯金融の基礎的なことをいかに尊重するか、という点である。この点は矛盾した戦略を引き起こすことになる。すなわち、それは、取引者を集中させると同時に、近隣性を維持させ、さらにフォロー・サポートを正当化すると共に、周縁化した公衆に影響を及ぼす。

連帯金融は、我々の危機の時期に、全般的な対応をもたらすものではない。つまり、連帯金融が、自ら積極的には受け入れられないような挑戦を自身に付与することは重要ではない。連帯金融は唯一、最も脆弱な公衆に対する危機の影響を、信用に対するかれらのアクセスを保証させることによって和らげることができる。そして連帯金融は、それをより広く流布させるために、連帯的な実践を発展させることができるのである。

訳注

〈1〉 ＢＴＰは、Bâtiment et travaux publics の略で、建設・公共工事を表す。

〈2〉 ＦＣＰは、Fond commun de placement の略で、契約型投資信託を表す。

訳者解説　A．アルティの連帯金融論――金融の社会・経済的分析をめぐって

A．アルティは、グルノーブルのシアンス・ポリティークの経済学教授で、社会・連帯経済、連帯金融、並びにマイクロファイナンスに関する研究を最も精力的に行っている研究者の一人である。彼女は、本訳書の原著を出版した前年に、本格的な連帯金融研究書をすでに著している。*本訳書は、いわばそのダイジェスト版である。そこで最後に、この前年の研究書を紹介しながら、アルティの連帯金融論の全体像を把握すると共に、その意義と課題について、最近のフランスでの研究を踏まえつつ検討することにしたい。これにより、以上に見たアルティの議論の内容理解を一層深めると同時に、それを補完することになると思われる。

* A．アルティの研究書は次のとおりである。Amélie Artis, *La finance solidaire*, Michel Houdiard, 2012. なお、以下では、同書の引用箇所は文章中のカッコ内に示されている。

連帯金融研究の目的

アルティが、連帯金融に注目し、その意義を認めて研究に着手したのは、そもそもそうした金融が、すでにフランスで大いに実践され、かつまたその絶えざる成長によって社会的地位を確立している、という事実を見たからに他ならない（p. 4）。実際に二〇一〇年の時点で、フランスにおける連帯的貯蓄による投資残高は、二〇〇八年のそれよりも四七％以上増大し、二四億ユーロにも達していた。しかも、そうしたファンドの内、五億七〇〇〇万ユーロが連帯金融組織に直接融資されていたのである。

アルティは、このような連帯金融の発展する姿を見つめながら、その特徴はいかなる点に見出せるかという問題について、多面的に考察する。そこでの彼女の問いかけは、連帯金融は、果して金融仲介の新しいシステムを成すものか、またその役割は何であり、さらに、今日の金融システムが大きく転換している中で、その貢献は何に求められるかという点であった。こうした問題設定の下に、アルティは、連帯金融研究の主たる目的を、連帯的融資関係の特殊性を明らかにすること、と見なす。その特殊性の基本的性質をここで先取り的に確認しておけば、それは、そのような関係が、借り手と貸し手の間の長期的融資関係であると共に、貨幣的取引と社会的絆の反復的作用に基づいているという点である。

他方で、アルティの連帯金融の研究は、その組織に注目して行われる。そこでは、連帯金融組織が、金融のオペレーションによって経済プロジェクトに融資するために形成される組織として規定される（pp. 5-6）。この組織はまた、貸し手と借り手の間で連帯のメカニズムが働くようにするものである。それゆえに、連帯金融を把握する上の一つの重要なキー・ワードとなるフォロー・サポートという活動が、その組織に含まれる。そうした組織の下で、連帯の原則にしたがわない営利主義的な銀行は除かれる。ここに、連帯金融モデルの大きな特徴を見ることができる。

このようにして、連帯的融資関係のシステムにおける特殊性を示すことは、アルティによれば、より社会的で政治的なアプローチを発展させるように促す。というのも、そうしたシステムが、たんに金融商品に限られるものではないからであると同時に、それが、連帯的融資のネットワークを、貧しい人々の活動をめぐってつくり出すからである。

一方、理論的な観点から見た場合に、アルティはいかなる点を分析するか。彼女の整理によれば、連帯金融に関する従来の理論的分析は、三つの観点からなされている（p. 7）。それらは、第一に、貸し手と借り手の間の関係を問題にするマイクロ経済的分析、第二に、集団的な諸機関の間のコーディネーションを問題にするメゾ経済的分析、そして第三に、金融セクターとその諸変化における連帯金融の統合を問題にするマクロ経済的分析である。そうした中で、アルティの研究は、制度学派的なパラダイムを組み込む。というのは、それによって諸機関が、集団的規則に応じて相互に作用する一方で、そうした規則が諸機関を制約できることを示せるからである。

確かに、制度学派的アプローチは、異なる組織の編成を理解するための概念装置として都合のよいものであろう。そうした編成は、諸機関により、マイクロ経済的、メゾ経済的、並びにマクロ経済的なレヴェルでコーディネートするために実施される。このアプローチはその意味で、連帯金融に共同参加する集団の間のコーディネーションとそれを促す規則を捉える上で適切なものと考えられる。

このような理論的視点に立ちながら、アルティは、標準的理論としての新古典派経済学の概念装置から距離を置く。そうした理論は、連帯金融による問題の解決、すなわち、一部の人々や機関が受ける金融的排除という問題を解消させるものではない、と見なされるからである。そこで彼女は、あくまでも非標準的理論に基づいてその問題に対処する必要がある、と唱える。この理論は、商業経済なるものを経済的諸関係の特別なケースと考える。実際に、連帯金融に共同参加する集団の間のコーディネーションにおいては、価格以外に、集団的手段としての規則やルーティン、あるいは協約のようなものが、問題の解決に役立つことを示している（p. 8）。それゆえアルティは、そうしたコーディネーション方式の非商業的メカニズムを明らかにする。それによって、集団的関係による融資の考えと共に、そのような関係の融資へのインパクトに対する意識を深めることができる。

連帯金融の基本的特徴

では、連帯金融は基本的にいかなる特徴を表しているか。アルティの議論を整理しながら、まずこの点を押さえておくことにしたい。

連帯金融の概念を、本質的な観点から検討した論者は、おそらくアルティ以外にいないであろう。アルティの概念規定における最大の特徴は、彼女が連帯金融を、金融関係と社会的関係との結合という視点で捉えた点にある。連帯金融システムは、融資の集団的関係のシステムであり、その中で、そうしたシステムに共同参加する集団が連合すると共に、社会的絆をつくり上げる（pp. 11–12）。ここに、連帯金融による金融の社会化のプロセスをはっきりと見ることができる。

ところで、連帯金融の活動自体は多様な性格を表している（pp. 14–16）。例えば、その融資手段も複数存在する。さらに、ここで留意すべき点は、連帯金融組織が銀行機関になることはない、という点である。かれらは、貨幣をつくり出す力を持っていない。したがって、かれらの社会的目的を有する貸付も、その自己資本の大きさによって制限される。ただし、連帯金融組織が、銀行との関係を絶っている訳ではない。この点も注意する必要がある。かれらは、銀行とパートナーを組みながら、特別な連帯的貯蓄という新しい銀行商品をつくり出す。それは、連帯金融組織に自己資本を供給するためである。

アルティは以上のように、連帯金融の多様な形態を示しながら、そのシステムを一つの統合体として把握する（pp. 17-18）。彼女は、そうした統合体を構成する要素を三つ挙げる。第一に、単一の目的を持った融資関係。連帯的融資の目的はあくまでも、返済可能な将来の収入を生み出す経済活動の創設にある。第二に、個人と連帯金融組織の間の総合的関係。この関係は、貨幣によって生まれる金融関係と、社会的絆を強めるフォロー・サポートのような社会的関係から成る。そして第三に、共通の目的を達成するために共同参加する集団の連合。この集団はさらに、個人、組織、並びに公的機関に再グループ化できる。このようにしてアルティは、連帯金融を一つの集団的関係のシステムとして把握する。そうした関係は、**図1**に示されているとおりである。

連帯金融は、他の金融仲介と同じように、貨幣によって伝達される金融関係を生み出す。しかし、その基本的性格は、そのことに限られない。連帯金融は、金融関係に社会的絆を条件づける。したがってそれは、個人間の関係を中核に据える。これと反対に、商業的関係に基づく金融関係においては、社会的関係は外生的なものに留まっている。このようにして見ると、連帯金融関係は、従来の金融仲介関係と区別されなければならない。後者においては、社会的絆は金融関係から排除されてしまうのである。これに対して連帯的な融資関係においては、貨幣的関係は最終的に社会的絆によって完成される。それは、連帯金融組織、借り手、並びに連帯的貯蓄者という三つの主役間の取

図1　集団的関係のシステムとしての連帯金融

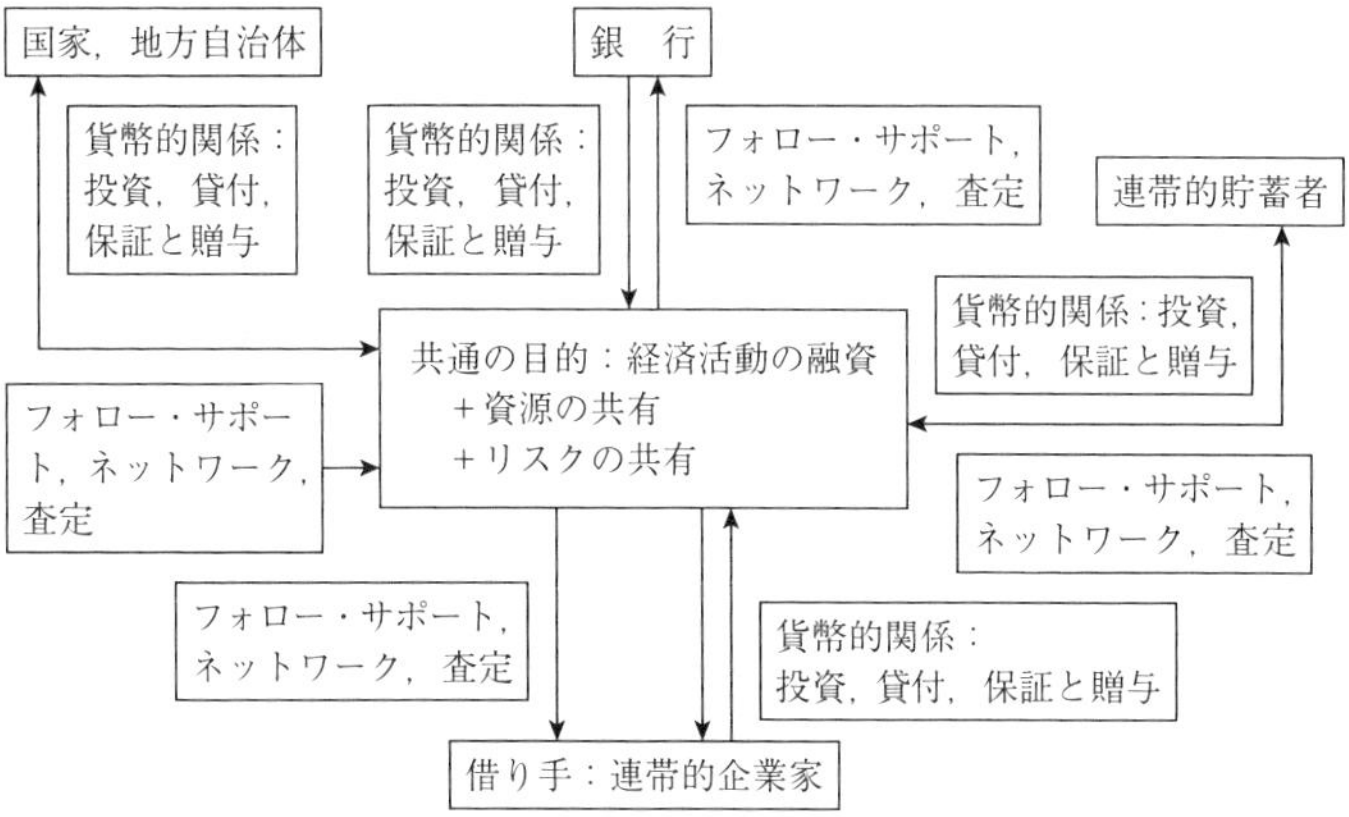

（出所）　Artis, A., *La finance solidaire* Michel Houdiard, 2012, p. 18 より作成。

引を促進する。アルティは，そうした取引関係を**図2**のように表している。

このように，アルティの連帯金融論を支える一つの柱は，連帯的な融資関係の中軸に，個人と組織を結びつける社会的絆を据えている点に見出せる。それゆえ彼女は，連帯的な金融仲介を，古典的なそれの特別なケースと見なす（pp. 19-22）。古典的な金融仲介は，融資能力を持った機関と融資を必要とする機関との関係を設定する。そこでは，貯蓄者と借り手の関係は存在しない。他方で連帯的な金融仲介は，両機関の間の社会的絆を組織化する。それによって，両機関の出会いが容易になる。こうして連帯金融は，貨幣に対する人々のアクセスをスムーズに行わせる。それはまた，人々が経済活動に編入されるのを促すと同時に，かれらの間の社会的絆をつくり出す。このことはまさしく，貨幣的関係の社会化

図2　連帯的な融資関係

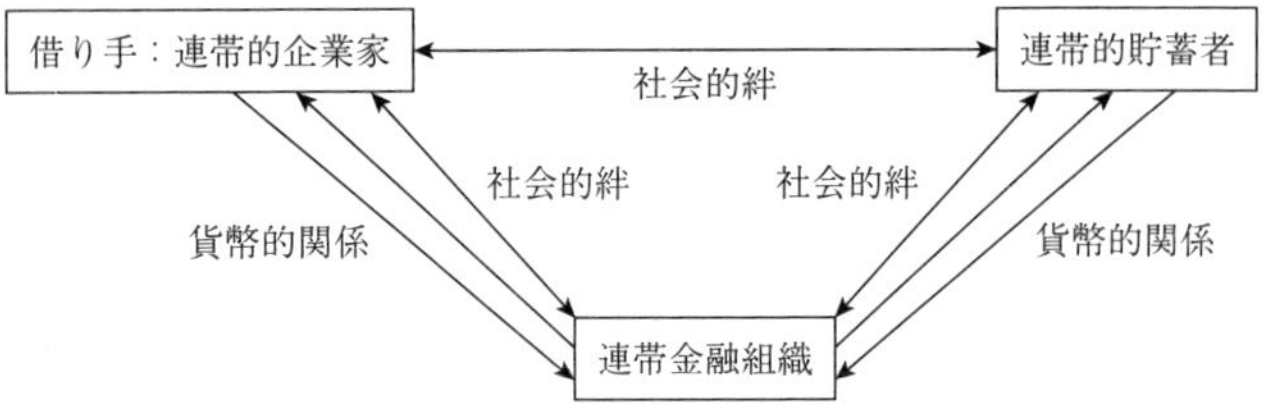

（出所）　Artis, A., *op. cit.*, p. 19 より作成。

を成す。これにより、連帯的融資関係は、非個人的な商業的融資関係と区別されねばならない。

では、アルティの議論において、金融関係の社会化とはいかなるものとして捉えられているか。次にこの点を見ることにしよう。

アルティは、そもそも貨幣的関係が個人間でつくり出されるからには、それは社会的関係であると把握する（p. 22）。ところが、それにもかかわらず、今日の融資関係において社会的関係は外生的ファクターとして与えられる。そこでは、社会的関係は金融関係の領域から外されてしまう。このように、融資関係から社会的次元を排斥することは、これまでの標準的な金融理論によって支えられてきた。そうした理論により、個人は見えざる手のおかげで組織されると見なされた。他方で貨幣も、モラルのオブリゲーションから解放される手段として解釈された。こうした中で、アルティは、金融理論から社会的・倫理的次元を排除することに異を唱えたのである。この点はまた、最近の他の連帯金融研究者によっても強調されていることを指摘しておきたい(1)。

ところでアルティは、融資関係の社会化を次のような二つの次元で把握する（pp. 23-24）。すなわち、第一次の社会化は、家族の、かつまた非公式の融資に現れる。それはまさに、家族の絆に支えられる。一方、第二次的な社会化は、集団的組織の媒介のおかげで作用する。そこで彼女は、そうした第二次の社会化に注目し、それをさらに三つの異なるレヴェルに分けて考える。第一に、貯蓄者と借り手の間の直接的ないし短期的な社会化、これは非常に身軽な組織で示される（例えばシガル）。第二に、フォロー・サポートによる社会化、これは連帯金融組織が、賃金労働者を支えるフォロー・サポートに責任を負う場合である（例えばネフ）。そして第三に、外生的な社会化、これは投資家が社会化のプロセスには直接参加しないケースである（例えばアディ）。ここで我々は、これらの二次的な社会化のいずれにおいても、複数の社会的ネットワークの交錯が認められると共に、社会的絆が形成されるという点に留意すべきであろう。

今日、伝統的な形態以外の金融が連帯金融の他に複数存在する。それらは、非公式の金融、マイクロファイナンス、オールタナティヴな金融、並びに倫理的金融である。そこでアルティは、連帯金融とその他の非伝統的金融とを比較しながら前者の特質を浮彫りにする（pp. 24-27）。

まず、非公式の金融を見てみよう。これは、法的な銀行セクターと対極に位置し、発展途上諸国で非常によく現れている。この金融は、銀行セクターには属さないで行うものであり、しばしば非合法的である。それゆえ連帯金融は、非公式の金融と異なる。それは、家族の領域外の金融システムに属しており、そこでの融資は、唯一経済プロジェクトへの投資になされるからである。

次に、マイクロファイナンスについてはどうか。これは、この二〇年間に経済学の新たな研究対象となってきた。一般に、マイクロファイナンスは欧州で次のように規定される。それは、二万五〇〇〇ユーロほどの信用が一〇人以下の労働者を有するマイクロ企業に提供されるものである。この規定は、二〇〇三年の欧州委員会により示されている。また、マイクロファイナンスは、社会的編入、雇用の創出、マイクロ企業の発展、並びに地域の発展をねらいとする。つまり、それは、グローバル化による構造的不均衡というコンテクストの中で、金融サーヴィスへのアクセスを議論の対象とする。

このようにして見ると、マイクロファイナンスと連帯金融の間で、確かにアナロジーを指摘することができる。とくに、職業的銀行の信用にアクセスできない人々の金融需要に応じる点で、両者は類似している。しかし、連帯金融は、より広い概念として考えられる。そこでの融資は、特定の公衆に限られないし、融資の規模もマイクロファイナンスのそれを超えている。すなわち、マイクロファイナンスは連帯金融に含まれるものの、両者が合致している訳ではない。

さらにオールタナティヴな金融について見ると、その活動は、一九七〇年代末から一九八〇年代初めの社会的・政治的運動と結びついていた。オールタナティヴな金融は、次の二つの方法で発展した。一つは、貯蓄者－借り手間の短期的な資金流通である。これは、贈与やヴォランティアのような相互性に基づく貯蓄と資源に専ら基づいている。フランスでは、シガルやPFIL、あるいはネフなどがこれに属する。もう一つは、銀行のネットワークにより配分され管理される連帯的な貯蓄商品として示される。これは、既存の融資手段を利用する。それはまた、支援や慈善のロジックよりも経済のロジックを優先する。そこでの運用や投資のロジックは、貸付を継続するために報酬を不可欠とするのである。これらの点を踏まえると、オールタナティヴな金融は、連帯金融と一線を画すると言ってよい。

最後に、倫理的金融を見るとどうであろうか。それは、倫理、連帯、環境、並びにガヴァナンスなどの特別な融資基準を設けている。ただし、倫理的金融のファンドは、一般に証券市場で上場されている大企業に投資される。そこでは、社会と環境に関して最良の実践が追求される。社会的に責任のある投資が、ポジティヴな基準として考えられる。しかし、その際の貯蓄商品は、銀行ネットワークと特化された金融機関により商業化されたものである。したがって倫理的金融は、資本の正当な収益を求める。これらの点で、倫理的金融は連帯金融と異なる。さらに、倫理的金融による投資の対象企業は大企業である。この点も、極小企業や中小企業を融資対象とする連帯金融と違っていることがわかる。

以上のような検討を行いながら、アルティは、これらの五つの金融概念を複数の基準によって分類する。それらの基準は、提供される融資の規模、融資活動の性格、融資の方向と使途、並びに融

表1　連帯金融とその他の金融との比較

	非公式の金融	マイクロファイナンス	オールタナティヴ金融	倫理的金融	連帯金融
融資の規模	小規模	小規模	小規模から大規模	大規模	小規模から大規模
活　動	貯蓄と貸付	貸　付	貯蓄，貸付資本，出資	貯　蓄	貯蓄，貸付資本，出資
使　途	投資と消費	投資と消費	投　資	運　用	投　資
受益者	個　人	個　人	中小・極小企業	上場企業	中小・極小企業
金融システムにおける運用	非表明	支　持	反　対	包　含	補　足
関係システム	家族的	商業的	非商業的	商業的	商業的・非商業的

出所：Artis, A., *op. cit.*, p. 28 より作成。

資関係の特殊性である。**表1**は、それらの比較を示している。

さらにアルティは、連帯金融を他の金融仲介と区別するために、その融資関係の特殊性を再度確認する（pp. 30-31）。そうした特殊性の根幹にあるものはやはり、連帯金融が、貨幣的関係と社会的絆とを集結させている点に尽きる。この点が、銀行やその他の営利主義的金融機関と決定的に異なっている。かれらは、あくまでも商業的性格が支配的なモデルに基づいており、金融的かつ社会的な性格を有する融資関係を築こうとはしない。これに対して連帯金融は、借り手を社会的にフォロー・サポートしながら、かれらの経済活動に融資を行う。そうした融資関係は、金融的・社会的関係に支えられると共に、長期的関係を形成する。このような点を、アルティは連帯的融資関係の根本的な特質と見なすのである。

集団的関係による連帯金融

アルティの連帯金融論における最大の特徴は、連帯金融が貨幣的関係と社会的絆との結びつきによって遂行されると同時に、そうした金融が集団的関係に基づくことを主張している点にある。そこで次に、この集団的関係による融資がいかなる性格のものかを、彼女の行論に即して見ることにしたい。

アルティは、集団的関係による融資の基本的性格を次のように二つの点で押える（p. 32）。第一に、それは、情報の非対称性が展開される中で諸機関の設ける異なったメカニズムを考慮すること、第二に、それは、個人の合理性を制限すると共に、因習のようなメカニズムや規制の必要性を、個人間のコーディネーションを容易にするために認めることである。

そもそも、集団的関係による融資は、融資者と借り手の間の相互的活動に基礎づけられる。そして両者は、個人間の関係をつうじて規則的に出会う。このような反復の行為が、融資者と借り手の間で長期的関係を確立するのである。しかも、そうした融資方式は、融資者と借り手の将来における責任負担に基づく。そこでは、貨幣的関係による明示的契約と非明示的契約が併存する。それは、融資者と借り手の間の情報に関する非対称性を減少させるためである。

アルティは、集団的関係による融資の基本的性格をこのように捉えながら、その優位性を次の四点にわたって指摘する（pp. 33-34）。第一に、それは、長期的関係を築くことによって融資関係における内部の情報源をつくり出せる。第二に、それは、融資に対する保証を、より柔軟な条件で行うことができる。そうした融資関係においては、内部情報の共有と人間的・個人的関係の形成によって信頼関係ができ上がる。このような集団的関係による融資は、借り手に対して再交渉の余地を残せる。それは、とくに景気の上で融資が困難なケースやリセッションのケースで戦略を生み出すことができる。なぜなら、それは融資に対して優先的なアクセスを提供できるからである。第三に、それは、借り手に対してコントロールの強化と協力の誘因を引き起こさせる。融資者と借り手の間の長期的関係は、質的かつまた量的な情報を監視し、それを是正できるからである。そして第四に、それは、融資者と借り手の両者に対する評判を高めることができる。そうした融資は、他の金融機関に対し、信用供与が可能なシグナルを示すのである。

アルティは、以上のような優位性を踏まえた上で、集団的関係による融資と銀行による融資との違いを浮彫りにさせる（p. 35）。銀行による融資は、長期的関係に対してと同時に、顧客の個人化された情報に対しても責任を負うものではない。これと反対に、集団的関係による融資は、量的な情報を標準化する方法を用いる。こうして銀行との間で生まれる融資関係の全ては、集団的関係による融資と異なるものとなる。この点は、グラミン銀行による融資のケースにおいてもあてはまる。再度確認しておくべきことは、集団的関係に基づいて行われる信用供与は、融資者と借り手の間の貨幣的かつ非貨幣的な相互的活動のくり返しの中で展開されるという点である。

集団的関係による融資は他方で、独特の性格を有している。それはまず、団体間の社会的かつ相互的な活動として現れる点を指摘する必要がある。連帯金融も確かに、貸借関係を形成する。ただし、そうした関係をつくる集団は、融資先の事後的なフォロー・サポートによる社会的構築に責任を負う。連帯的な集団的関係による融資は言ってみれば、社会的、金融的、並びに地域的な関係のシステムに支えられているのである。そして、このシステムが、貨幣的かつ非貨幣的な関係の反復を促す。貸付による反復的な貨幣的関係が、長期にわたる借り手への融資として現れる一方、借り手のフォロー・サポートと追跡調査は、非貨幣的関係をつくり出す。これらの様々な関係が、銀行ビジネスで示される商業的関係に対抗するものとして示されるのである。アルティの唱える連帯金融の特殊性は、ひとまずこのように捉えることができる（pp. 36-37）。

ここでとくに留意すべきことは、アルティの連帯金融論において、社会的関係が貨幣的関係の前提になっている、という点であろう。彼女は、貨幣的関係のみによっては、十分な社会的環境を整えることができないと見なす（p. 38）。非貨幣的関係を含み込むことによって、初めてその点がカヴァーできる。集団的関係による融資の存在意義もここにこそある。ただし、そうした融資の利用は、連帯金融組織の成熟度や国内金融システムの発展段階によって左右される点も注意する必要がある。アルティはここで、グラミン銀行の例を出しながら、その信用供与方法の変化を指摘する。それは確かに、バングラデシュに設けられた連帯的なグループによる貸付の最初の例である。しかし、グラミン銀行は、顧客の需要に合わせる形で、グループによる貸付から個人的な貸付に転換することになる。

繰り返して強調することになるが、連帯金融の示す集団的関係による融資は、社会的かつまた貨幣的な相互的活動の反復に基づく。そこでは、連帯金融組織における内部の情報がつくり出される。グループによる継続的な貸付とフォロー・サポートは、そうした組織のための内部の特異な情報に対するアクセスを強化する。このように、貨幣的関係と社会的絆との有機的結合という連帯金融の特殊性は、信頼のおける情報へのアクセスを促進するのである。

一方、連帯金融に見られる融資関係は、その組織と借り手の間の非明示的な契約に依拠している。この契約は、連帯的融資とパートナーへの補足的融資の保証に基づく。その際に、借り手のフォロー・サポートは、連帯的融資へのアクセスを保証する意味で、そうした非明示的契約の一つの重要な要素となる。こうして連帯金融における非明示的契約は、借り手に対する将来の連帯的融資を保証すると同時に、かれらの社会的・経済的な再編入を助長し、さらには銀行による融資へのアクセスをも容易にする。

アルティは、以上のように連帯的な融資関係を成立させる契約の非明示性を指摘する一方で、それに伴う不確実性の問題を、連帯金融独特の監視メカニズムという観点から検討する（pp. 40-41）。そこで示されるメカニズムが、フォロー・サポートと呼ばれるものであり、諸機関の活動を認識すると共に、一旦信用が供与された後に生じるリスクを阻止するために遂行される。それゆえ、このフォロー・サポートはまさに、集団的関係と並んで連帯金融を理解する上のキー・ワードになる。

ところで、アルティの基本的考え、すなわち、貨幣的関係と社会的関係の結合による融資関係の形成という考えは、その後の連帯金融研究にも引き継がれている。例えば、T. ラゴアルド・セゴ（Lagoarde-Segot）は、連帯金融に共同参加する集団による投資先に注目し、それが及ぼす社会的インパクトについて論じる(2)。そうした集団による投資が社会的インパクトを持つもの、すなわち社会的利益になるためには、それが社会的次元を有する活動を維持するためのものでなければならない。かれはこのように説く。そこでは、インパクトのある投資は、ファンドの出資者、プロジェクトの保持者、並びに外部の受益者の間の永続的関係を維持することを意味している。そうした投資は、三つの共同参加する集団、すなわち、インパクトの創出者（プロジェクトの保持者）、インパクトの受益者（社会と環境）、並びに当初の投資者の循環的なプロセスを表す。そして、これらの三つの集団が、インパクトのある投資が導く社会的効果に寄与することになる。その目的は言うまでもなく、それらの集団に対して同時に利益を生み出すことである。

他方で、ラゴアルド・セゴは、連帯金融に共同参加する集団を経済システムのアクターとして捉えたとき、その特徴はどこに見出せるかを総括的に検討する。(3) かれらはまさしく、古典的な市場に取って代わる新しい経済組織を設ける場を開いた。そうした経済アクターは、利潤よりは共通財の追求に基づく経済システムの出現に寄与しようとする。その目的は、資本主義の内部からその性格を変えることにある。かれらの価値基準として、正義や社会的編入、経済的持続可能性、並びに少数者の権利などが据えられる。こうしてかれらは、一つの大きな経済システムの枠組の中で活動する。この枠組が、社会・連帯経済と総称されるものである。

ところで、そうした経済システムの下で、連帯金融組織は、信頼、協力、並びに連帯の原則に基づいて機能する。同時にそこでのアクターは、市場の枠組を乗り越えるための解決の道を探る。その意味で、社会・連帯経済のシステムは、その実践の場を示す。ラゴアルド・セゴは、連帯金融に共同参加する集団の経済アクターとしての基本的性格を以上のように捉えた上で、経済システムとしての連帯セクターの特性を、他の二つのセクター、すなわち公共セクターと商業セクターのそれらと比較する。**表2**は、それを総括的に表したものである。こうしたラゴアルド・セゴの議論は、アルティのそれと基本的に同調するものであり、彼女の考えを継承・発展させたものと見ることができよう。

表2　3つの経済システム

	公共セクター	商業セクター	連帯セクター
支配的アクター	国　家	市　場	共同体
合理性	分　配	競　争	協　力
関係性	権　威	交　換	連帯－相互性
ガヴァナンスの原則	コントロール	自　由	参　加
パフォーマンスの基準	公共財	利　潤	共通財（社会的，環境的，倫理的価値）

出所：Lagoarde-Segot, T., *La finance solidaire — Un humanisme économique —*, de boeck, 2014, p. 70より作成。

連帯金融の歴史的形成

アルティは、連帯金融の出現をたんに今日の現象としてのみ捉えるのではなく、その歴史的起源を探る。それは、過去と現代の連帯金融を歴史的に対比させることによって、その特質をより明確にするためである。

彼女は、とりわけ一九世紀に登場した連帯金融の考え方に注目する。一九世紀において、連帯金融の大枠を形づくっている社会・連帯経済の知的な源泉を見出すことができるからである。ラゴアルド・セゴは、そうした思想を「ユートピア社会主義」として総括的に捉えている(4)。その代表的思想家として、R. オーエン（Owen）、C. フーリエ（Fourier）、並びにP. J. プルードン（Proudhon）らを挙げることができる。この社会主義は、人道主義や社会キリスト教主義により大きな影響を受けた。それはまた、産業革命が人々に及ぼす負の効果を注視する。ユートピア社会主義は、それによって資本を社会のコントロールの下に置く必要性を確証するのである。したがって、この社会主義は、社会的目的の追求に軸を置いた新しい自律的な組織づくりを目指す。そこでは、経済の領域が再び社会の領域と結びつけられ、市場経済は、一つのたんなる機構にすぎないと認識される。その究極の目的は、あくまでも共通財をサーヴィスすることに置かれたのである。

アルティは、以上のような一九世紀の思想的背景を踏まえながら、欧州における連帯金融の歴史的原型を具体的に探り、その意義と限界について論じる（pp. 55-57）。一九世紀の前半において、実は欧州では、小さな企業家、職人、工場労働者、並びに小農民らは金融サーヴイスにアクセスできなかったと言われる。このことは当時、欧州で信用供与が倍増したことと矛盾する。そうした信用供与は、あくまでも資本家階級に対するものであったにすぎない。それ以外の人々は、十分な保証を示すことができないために信用を受けることができなかったのである。

こうした状況の中で、信用供与の問題は、社会改革者にとって重要な課題であった。それは、労働者階級を解放するテコとして考えられたからである。そこで、国家によるファンドの動員が不可欠となる。国家による無利子での貸付が、労働者の組織にとって必要とされた。このような、無利子の信用をベースとした相互性と互恵性という考えは、プルードンの主張するものであった。事実、かれは、生産者間の相互的信用と生産物の互恵的交換を組織するために、人民銀行なるものの創出を提案した。それは、人々の貨幣的関係からの解放と真の連帯を基礎づけるものとして考えられたのである(5)。

このように、プルードンの描いた互恵的かつ親愛的な融資関係は、アルティによれば連帯金融の始源的形態を成す（p. 57）。彼女は、そうした金融関係の意義を十分に認める。しかし他方で彼女は、その限界を指摘することも忘れていない。そこで描かれた親愛的絆の存在は、相互主義的信用の流布をむしろ制約することになる。信頼と互恵性を生み出す強い絆が、逆説的に社会的閉鎖となって現れると共に、成員に対する融資のキャパシティをも制限してしまう。こうした障害に直面して、国家との連合による無利子の貸付が行われ、利用可能な融資が増大した。この姿こそが、今日の連帯的な融資関係におけるプラットフォームとして位置づけられるのである。アルティが、一九世紀と現代とを対比させ、連帯金融の歴史的淵源を探った理由もここに見出すことができる。

では、現代の金融自由化の下で金融的に排除された人々や企業を再び融資関係に包摂するにはどうすればよいか。実際に、非規制、非仲介、並びに非調整という三つのプロセスを伴った金融システムの自由化改革は、銀行のサーヴィスに大きな変更を迫った。銀行は信用活動を抑制する中で、低利での貸付というようなサーヴィスを終結せざるをえなくなった。同時に、そうした銀行セクターの変化が、アルティによれば、地方の小企業の融資における協同組合銀行の伝統的役割をも減少させた（pp. 73-74）。協同組合銀行は、自らの発展戦略のために、もはや単独でそうした融資を連帯金融組織とパートナーを組むことで連合による融資を支持したのである。

実行できなくなった。そこでかれらは、その社会的目的と銀行業務とを再び結びつけるために、連帯金融組織とパートナーを組むことで連合による融資を支持したのである。

一方、金融の自由化が進展する一九八〇年代に、金融のオールタナティヴ・システムが現れた。それは、社会に役立つ生産や貯蓄のローカルな管理を促すようなオールタナティヴ経済の生成の中でつくり出された。オールタナティヴ金融は当初より、既存の融資手段を転換させる志を持つものであった。そこでは、共同参加する集団が想定されると共に、短期的な融資が前提とされた。例えば、一九八三年に創設された投資家クラブとしてのシガルは、それを代表する一つの集団である (pp. 74-75)。その中で成員は定期的な貯蓄を行い、それを共有しながら、そこで生み出される資本をローカルな経済活動に投資して社会的効用を引き出す。したがって、そうした融資関係は当然に個人化された関係であり、それは、信頼関係を内生化させると同時に自律的に生み出すのである。借り手の物的ないし人的な保証が弱いことに直面して、かれらは、融資の前に行われる信頼の絆や融資関係の社会的枠組などの、いわば倫理的保証の役割を重視する。オールタナティヴ金融における貸し手と借り手の関係は、このようにして強い絆に支えられる。その際の絆は、共通の価値観と同盟の結成に基づく。そのような同盟が、内生的な連帯を強めるのである。他方で、マイクロファイナンスにおいても、私的かつ公的なファンドの連合が見られる。この連合は、事前の貯蓄がなく、また保証もない借り手のために、わずかな額の貸付にアクセスすることを促した。

このようにして見ると、連帯金融の形態は、生産活動への融資の需要に歴史的に対応してきたことがわかる。連帯金融の歴史を顧みることは、アルティによれば、連帯的で集団的な関係による融資を設定する上で複数の特徴が見られることを明らかにする（p. 77）。それらの特徴は、近隣性、分権化された組織、並びに共同参加する集団である。こうした特徴を有する連帯金融はまた、複数の信用形態を形成する。ここでアルティは、再度確認すべき重要な点、すなわち、そうした信用形態が資本主義的な信用に統合されることはないという点を指摘する。そして、そのような信用は、危機と不安定の時期にも、また安定と成長の時期にも出現し発展する。その役割は、たんなる一時しのぎのものでは決してない。なぜなら、その信用は、貸し手と借り手の間の社会的関係を転換させるという志のヴェクトルとなるからである。こうしてアルティは、連帯金融は融資の永続的形態を表すと共に、それはつねに、連帯と社会的絆によって歴史的に変化するものであると唱える。

アルティはさらに、連帯金融の歴史的分析を行うことの意味を問う。彼女はまず、そうした分析が、融資関係を組織する仕方によって特徴づけられることを指摘する。その際の彼女の問題意識は、連帯金融によって歴史的に展開されてきた民間の共同体によるイニシアティヴという方法を乗り越えるにはどうすればよいか、という点にある（pp. 77-78）。そうすることによって、連帯金融は、社会的連帯と地域の発展のより一般的な利益を生み出す金融サーヴィスへと転じることができる。そして、このことは同時に、国家が連帯金融の実行の一部を組織化するように導く。連帯金融はこうして、量的かつ質的に経済活動のネットワークを拡大させ、その実行を民主化する。アルティにとって、連帯金融の進むべきヴェクトルはこのように設定されたのである。では、そうしたヴェクトルは、連帯的な融資関係の設立によっていかに表されるか。この点を彼女の行論にしたがって今少し具体的に見ることにしよう。

連帯金融の特徴の一つは、非商業的条件、すなわち無利子か制限された利子にしたがった融資へのアクセスを促すことにある。一方、連帯金融の第一の目的は、貸し手の被るリスクを減少させながら、また、貸し手への保証メカニズムを設けながら、借り手の融資に対するアクセスを容易にすることである（p. 79）。実際に連帯金融は、その借り手の保証が脆弱であることに直面して、保証の集団的メカニズムをつくり上げた。それは、貯蓄の共有化、連帯保証金、並びに連帯保証団体などによる。そして、このような連帯金融の基本的な特徴と目的は、アルティに言わせれば、実はその歴史的プロセスの中で練り上げられてきた。この点を忘れてはならない。

連帯金融の原初的形態は確かに、共同体的、宗教的、あるいは政治的な運動の中で現れた（p. 79）。それらは、経済的・政治的目的に基づくと同時に、グループの同質的な統一体に支えられていた。このことは、グループ内の信頼をつくり出す一方でリスクを制御し、また連帯を強めた。アルティは、そうした古い形態が、家族ないし共同体の領域に属していたことを認める。そこでは、互恵的な信頼関係、コントロールの内生的メカニズム、並びに返済動機の存在によって金融活動が保証されていた。これらの連帯的な融資形態が、貨幣的関係と社会的絆とを連結させたのである。彼女はここに、連帯金融の歴史的始源の意義を見出す。しかし同時に、そこでの家族的ないしは共同体的な属性が、かえってその金融活動の発展を抑制してしまった。そうした家族的・共同体的なイニシアティヴの限界は、その融資関係が個人的関係や親縁的関係とあまりに強く結びついていたところにある。アルティはこのように見なす。

他方で、先に示したようにアルティは、今日の連帯金融につながる歴史的形態を、一九世紀における それに見出す。彼女がそこで注目したのは、当時の貯蓄と信用の協同組合であった（p. 80）。この協同組合は、連帯的な融資関係を媒介としながら、貯蓄者と借り手の再グループ化した集団の中で機能した。それは、互恵性に基づくものでは必ずしもなかった。そうした組織は、社会的かつ地理的な近隣性を促すと共に、親縁的な融資関係から連帯的な融資関係への移行を助長した。アルティはこの点に、当時の信用協同組合に基づいた連帯金融形態の歴史的意義を認める。しかし彼女は、同時にその限界も指摘する。というのも、そのような組合の活動は、社会的・職業的なカテゴリーに特化していたからである。それは、同質のアイデンティティと特殊な融資の循環を保つためであった。この点は例えば、農業に対する信用のための農民による貯蓄に見ることができる。アルティはそれゆえ、連帯的融資関係がそうした制約を乗り越えて、さらに拡大する必要があることを強調する。連帯金融は、家族や共同体を軸とする第一次的な社会化の形態から、より広範な第二次的な社会化の形態に向かわなければならない。それによって、システミック・リスクと社会的圧力を減少させることができる。彼女はこのように主張する（p. 80）。事実、集団的アクターによる金融仲介は、連合のゲームをつうじて、そうした緊張に対応できると考えられる。

以上よりアルティは、今日の連帯的な融資関係の組織化が異なるレヴェルで存在することを、次のような三つのグループに分けながら総括的に示す（pp. 80-81）。

第一のグループは、貯蓄者と借り手の間のほぼ直接的な親縁的関係という枠をはめられたものである。これは、弱い組織化を表す。このグループは、主に連帯的な投資家クラブの形で現れる。それは、貯蓄者のグループとローカルなプロジェクトを持ち込む人とを結びつける直接的関係を示す。この関係は、地理的かつ社会的な近隣性に組み込まれると共に、そこでの融資は、専ら私的な貯蓄から生まれる。それは、連帯的融資関係と強い社会的絆との有機的結合に貢献する。

第二のグループは、連帯的・金融的協同組合を再グループ化したものである。その中で、連帯金融組織は、貯蓄者と借り手の関係を仲介する。この組織は、フォロー・サポート、査定、並びに連帯的金融管理に大きな役割を演じる。それを代表する連帯的資本‐リスク団体は、企業にとっての自己資本に対する出資を提示する。一方、連帯的金融団体は今日、信用協同組合に加盟しており、それは、連帯的な信用供与を行うと共に、複数の定期貯蓄商品を提示している。

第三のグループは、マイクロファイナンスの連合組織である。この連合組織と借り手の間で融資関係がつくられる一方、そこでの社会的絆は、ヴォランティアなどで行われる借り手のフォロー・サポートによって生まれる。その際の金融手段は、連合組織の自己資本、銀行の余剰金、並びに地方自治体の余剰金から成る。このグループはこうして、連帯的融資関係を標準化するのである。

アルティはこのように、連帯金融組織の歴史的形成を整理しながら、その今日的姿を次のように示す（pp. 82-83）。連帯金融はつねに、貯蓄と信用の金融関係を連合させたものである。その仲介の度合は、より短期的なものからマイクロファイナンスによるより媒介的なものまで変化に富んでいる。他方で連帯金融は、様々な共同参加する集団を動員する。それは、異なる方法にしたがってその金融活動に参加するためである。最終的に、近隣性に軸を置いた連帯的融資関係は、堅固な信頼関係をつくり上げる。それは、伝統的な融資関係で示された匿名性と不確実性による弱い絆を強めることができる。今日、連帯金融は間違いなく、その新しい組織形態の中で基盤を強化している。それは、貨幣的関係と、社会的、職業的、地域的、あるいはイデオロギー的な要因による第二次的な社会化の形態とを有機的に連結させながら行われる。しかもそれは、あくまでも個人の負債のキャパシティを拡大することを目指す。同時にそうした動きは、金融的かつ技術的な資源を強化するために、共同参加する集団を動員しながら進められる。我々がここで確認すべき点は、そのような連帯金融の歴史的発展過程であろう。

融資の制約と連帯金融

再三指摘したように、この二〇年間、とくにリーマン・ショック以降に連帯金融活動が復興した。それは、連帯金融がつねに、借り手と貸し手（貯蓄者）の双方の満たされない需要に対応できたからに他ならない。このことはまた、連帯金融が信用リスクを克服する要素を含むものであることを示している。

そもそも、信用関係にはリスクが伴うことは明らかである。そうしたリスクをめぐって、二つの重要な論点が存在する。一つは、リスクの実現する確率に対する評価であり、もう一つは、将来の結果を予測できないという根本的な不確実性の考慮である。そこでアルティは、それらの論点に対する二つの対照的なアプローチを対比させる（p. 85）。第一に、新古典派のアプローチは、不確実性は確率で引き起こされるリスクと見なす。これに対し、第二のケインジアンに代表される異端派のアプローチは、根本的な不確実性を確率では引き起こされない現象と規定する。したがってこのアプローチによれば、諸機関は、不確実な現実の中で相互に活動しているため、そこでは、機関の間のコーディネーションが価格のみによっては最適化されない。アルティは言うまでもなく、後者のアプローチを支持する。

では、連帯金融は、いかなる方法で根本的な不確実性を管理するのか。また、その際の貸借関係を保証するために用いられる特殊な方法は何か。さらに、連帯金融活動は、融資に対するアクセスの可能性に還元されるのか。アルティは、これらの基本的な問いを発することによって、連帯金融の必要性を理論的に説き明かそうとする。結論先取り的に言うならば、連帯金融は、社会化の様々な形態を動員しながら信用に対するアクセスの可能性を促す。そして、そうした社会化が、連帯的な集団的関係による融資を展開させるのである。

連帯金融の潜在的な借り手は、通常の金融の借り手とは異なる性質を有する。かれらは、金融的かつ社会的に排除されている人々、資産のないローカル企業、ローカルな融資に欠けている企業、並びに営利的目的のない集団的企業などで表される。大事なことは、アルティが言うように、それらの借り手が、一様に社会的統合を進めることに責任を負っているという点である（p. 87）。

そこで連帯金融活動は、そうした潜在的借り手に対し、どのように応じることができるか。連帯金融は、このことを国民的ネットワークの形成で果そうとする。そこでの借り手は主として、十分な資源を持たない孤立した個人である。そこにはネットワークが欠如している。それゆえ、連帯金融の提供するネットワークは、借り手の社会的編入を助長して孤立を断ち切る。同時にそれは、かれらの潜在的能力を発展させるための不可欠な要素となる。このような連帯金融による社会化が、融資へのアクセスを有利とするテコをつくり上げる。アルティは、この点に連帯金融を必要とする根拠を見出すのである（p. 89）。

他方で、連帯金融の借り手としての企業は、どのように見なされるか。かれらも、個人の場合と同じく、融資にアクセスする上で困難に出会う機関である。そこでアルティは、そうした企業をいくつかのタイプに分類する（pp. 91-92）。第一に、欠陥のある企業家。かれらは、固有の雇用をつくり出したいと願っているものの、経験や自己資本、さらにはネットワークなどの不足によるハンディキャップを累積している。このことが、融資へのアクセスに対する制約となることは言うまでもない。第二に、事業を独立して起こそうとする企業家。かれらは事業を起こす強い意思を持っているものの、その活動資金を欠いている。そして第三に、営利的目的のない集団的企業家。かれらは、非営利的で民主的なガヴァナンスの原則にしたがうと共に、資本主義的企業家とは異なる組織とコーディネーションのロジックを有する。連帯金融の必要性という観点からすると、この集団的企業家にとくに注目しなければならない。かれらこそが、従来型の資本主義的・営利的金融システムからはっきりと排除されるからである。それゆえ、営利的目的のない集団的企業家は、純粋な資本主義的組織とは異なる社会・連帯経済の特殊な組織によって融資されねばならない。アルティが主張するように、とりわけ欧州におけるそうした企業家は、一九八〇年の欧州の憲章で規定された社会・経済原則を最も尊重しているがゆえに、そのような融資の権利を持っているのである（p. 93）。

連帯金融は、くり返し述べたように、融資の制約を受けている人々や企業を対象としている。そこでアルティは、どうしてそうした制約が生じるかを、また連帯金融はそれをどう克服するかを理論的に検討する。

信用制約はそもそも、貨幣的ないし非貨幣的な条件による拒絶あるいは差別によって現れる。この信用割当て給付は、通説的な理論によれば、借り手が与える情報と貸し手がえる情報との間の非対称性により説明される。こうしたコンテクストの中で、利子率ないしは保証による選別が行われ、銀行は信用の割当て給付を選好するのである。

では、連帯金融が、このような信用の制約を減少させるためにはどうすればよいか。アルティはここで、その内生的な手段を考える必要性を訴える（pp. 93–94）。その際に彼女が拠り所とするのは、ポスト・ケインジアンの理論である。このモデルは、根本的な不確実性が金融システムに存在することを前提にした上で、融資を決める際の決定的なファクターとして信頼関係を措定する。それは、かれらが、貨幣は社会的目的のためにあると考えるからに他ならない。アルティはこの考えに同調する。連帯金融のケースは、信頼が内生的決定因であることを明らかにするのである。

信用の需要に対し、銀行は確かに、借り手をリスクのカテゴリーの中で分類する。これにより、ある機関は信用にアクセスできるのに対し、他の機関は、より高い利子を支払うつもりであっても信用にアクセスできない。このような信用割当てが存在することを、スティグリッツとワイスが証明したこともよく知られている（p. 94）。かれらが注目したのは、貸し手と借り手との間の情報の非対称性である。それは、借り手のプロジェクト自体と共に、両者の将来における行動に関して生み出される。そこで問題となるのは、銀行が借り手の質、すなわち不確実性の中での将来の支払い可能性をいかに判断するかという点である。例えば、銀行の借り手に対する信頼のレヴェルが低下すれば、当然に貸付の最上限の額は減少することになる。

アルティは、こうした信用割当ての存在を踏まえながら、連帯金融が、そのような融資の制約を乗り越える手段を有することを主張する（p. 98）。それは、連帯金融の設定するフォロー・サポートによって表される。このフォロー・サポートは言うまでもなく、連帯金融の内生的手段であり、それは、借り手と金融機関にとっての不確実性を減少させる傾向を持つ。信用の選別、言い換えれば信用の拒絶が、融資関係における不確実性に直面して生じるとすれば、連帯金融によるフォロー・サポートは確実に、その現象を阻止することにつながる、と考えることができる。

アルティは以上に見たように、情報の非対称性によるアプローチが、連帯金融の理解を深める上で大いに役立つことを示した。しかし他方で、彼女はその限界を指摘することも忘れていない（pp. 98–99）。というのも、そうしたアプローチが、融資関係の社会的次元を退けているからである。実際に、このアプローチは、情報を外生的に与えられるものと見なした上で、情報が機関の間の関係には依存しないと捉える。一般に、信用割当ての存在とその強さを測る際に三つの基準が存在する。それらは、融資へのアクセス、利子をつうじた融資のコスト、並びに保証のレヴェルである。そこで連帯金融は、そうした融資へのアクセスや融資の条件を改善する。その際にキーとなる運動として、フォロー・サポートと社会化が挙げられる。事実、フォロー・サポートは借り手に対し、質的な情報を量的で体系化された情報に転換させる。他方で、社会化は、連帯的な融資関係に共同参加する集団間における相互的信頼を強めるのに貢献するのである。

金融の標準的理論においては、融資関係が商業的関係としてのみ考えられることによって、信頼のような問題は排除されてしまう。そこでアルティは、そうした理論の見逃した点に光を当て、それをベースに連帯金融のモデルをつくる（p. 100）。彼女は、そのモデルに非明示的な部分を組み込ませる。そこでは、連帯的信用のモデルが、フォロー・サポートの管理メカニズムとして統合される。実際にフォロー・サポートは、貸し手と借り手の間の信頼関係を強めるだけでなく、情報の非対称性を減少させる上で決定的な要素となるのである。

一方、標準的理論とは異なり、新制度学派の理論は連帯金融の存在を認めている。しかし、それは機能主義的アプローチに留まっている。なぜなら、その枠組は連帯金融の社会的性格を退けているからである。そこでは、例えば信頼は標準的理論の場合と同じように、やはり外生的に与えられるものと見なされる。ところが他方で、このアプローチは、借り手の質を評価する上で、因習や信頼のようなものを外生的手段としては考慮しない。

このようなコンテクストの中で、連帯金融を捉える際の争点は、連帯的融資関係が、貸し手にとっていかに十分な信頼のレヴェルをつくり上げるかを理解する点にある。アルティの主張もこの点に尽きる。つまり、ここで押えておくべきことは、信用関係を、貸し手と借り手の間に設けられる信頼関係の結果として考えることが重要になるという点である。信頼はまさに、標準的理論の場合と逆に、そこでは内生的要素となる。

他方で連帯金融は、個人化された融資関係を発展させる。そして、そうした関係は、借り手と連帯金融組織との間で繰り返される事前的かつ事後的な出会いによって形成される。アルティは、この出会いのプロセスが、社会的相互活動を促進させると共に、連帯的な金融仲介者と借り手との間で単一の、かつまた特別な情報を生み出すと見なす（p. 101）。同時に彼女は、そのようにしてつくられた融資関係が信頼関係を築くことによって、金融リスクを減少させると捉える。

ところでアルティは、連帯金融組織が融資を決定する際の規則として、ポスト・ケインジアンによる信用制約に関するモデルを援用する（pp. 101-102）。そうした規則はそこで、借り手の支払い可能性に対する銀行の推計、信頼のレヴェル、並びに銀行のリスクに対する選好に主として依存すると把握される。今、CFiを借り手の支払い可能性の推定とすれば、それは個人間の信頼によって完成される。また、集団的関係のファクターをHとし、cを融資のコストとする。ただし、借り手iに対し、その固有の性格に応じた利子の水増しはないものとする。さらに、Liを貸付の規模、Rを利子支払いに対する財務担当の受入れ可能な最低限の割合、SCH_i を支払い可能性と人間的ファクターにおける連帯的な金融仲介者の信頼のレヴェル、K を連帯的な金融仲介者の有する最大限のリスク・レヴェル、とする。ここで、全ての変数をポジティヴと見なす。このような前提の下で、連帯金融における融資の決定は次の式で表される。

$$[(CF_i + H) / (c \cdot L_i)] > R\text{、ただし、}SCH_i > K$$

連帯金融はこのように、借り手の支払い可能性のような、量的な数値に対する予想を行うと同時に、借り手の返済能力に影響を及ぼす集団的関係のファクターに対する予想も生み出す。こうして連帯金融は、融資の前に借り手との間で築かれる信頼関係をつうじて金融リスクを評価する。事実、連帯金融による融資決定の規則において、信頼のレヴェルは、他の金融仲介者におけるそれを上回っている。そのレヴェルを引き上げることによって、連帯金融は、金融仲介者と借り手との間で予想を容易に収斂させることができる。結果として連帯金融は、借り手が期待する需要と、金融仲介者が提示する供給との間の相違を少なくする。さらに、融資決定の規則に関して、貸し手による融資のコストは、銀行と連帯金融では異なる。連帯金融は、商業的資金（銀行の与える信用）のみならず非商業的資金（補助金や贈与など）にもアクセスするからである。

では、借り手の返済能力における信頼のレヴェルはどのように見なされるか。アルティは、その信頼のレヴェルは、フォロー・サポートでつくられる信頼関係に依存すると唱える（p. 103)。連帯金融組織の実践において、フォロー・サポートはたんなる金融コンサルタントの域を一層拡げたものとなる。それは、経済プロジェクトの社会・経済的次元に全責任を持つ。こうしてフォロー・サポートは、経済的に堅固な金融プロジェクトを構築する。融資対象の候補者はフォロー・サポートされると共に、かれらのプロジェクトの実現が図られる。結果的に、フォロー・サポートされる全期間で借り手に対する信頼のレヴェルは増大するのである。実際にフォロー・サポートは、融資が行われる以前の段階で提示されると同時に、融資の行われる間でも実施される。一方、連帯金融は、このフォロー・サポートを通して技術的な手段を設ける。それは、情報と集団的関係による手段を体系化し標準化する。それゆえフォロー・サポートの活動は、連帯金融組織において内部化される。このことはまた、顧客との間でくり返される社会的な相互活動を保つことになる。

このようにして見ると、まさにフォロー・サポートこそが、より多数の人に対して融資へアクセスする可能性を提供する手段となりえる、と言っても過言ではない。それはまた、連帯金融のメカニズムの理解をも促す。フォロー・サポートの関係は、連帯的な金融仲介者に対して、情報を共同してつくり上げることができるからである。そこでは、借り手の有する根本的な不確実性が減少する。連帯金融はこうして、フォロー・サポートの関係を設けることによって、より個人化された情報から体系化された情報を生み出す。以上に見られるように、アルティの連帯金融論を支える一つの大きな柱は、このフォロー・サポートの関係づくりであると言ってよい。これこそがまさしく、集団的関係による融資を形成するのである。

そこでアルティは、そうした集団的関係による融資が持つ社会的意味に注目する。彼女は、そのような融資の強みは社会的絆の存在に基づいていると捉え、この絆こそが貸借関係を条件づける、と唱えるのである（p. 104）。そして、このような社会的絆による融資の社会化が、基本的な信頼関係を構築させる。信頼は、金融の標準的理論においては外生的要因であり、それはたんなる潤滑剤にすぎない。これと反対に異端派のアプローチでは、信頼は融資関係を解釈する鍵となるファクターとして現れる。そこでは、信頼は貸し手と借り手の間の協力の結果であり、それは金融関係の現実の構成要素とならねばならないと見なされる。

アルティはさらに、このような信頼は一般的に次の三つの要素で支えられると考える（p. 105）。それらは、第一に債権者と債務者間の近さ、第二に法律上の有効性、そして第三に過去の経験である。彼女はまた、複数の形の信頼が存在することを示す。第一に、社会的信頼。これは、グループへの帰属から生じるもので、アクターによって内在化される。第二に、主体間の信頼。これは、連帯金融組織と借り手の間の個人的関係を構築する。そして第三に、組織的信頼。これは、情報の標準化を展開する。

そこで信頼を強めるためには、借り手の質が問われる。信頼は、借り手と連帯的融資者との共同によって生まれるからである。その結果、もしも信頼が強められれば、借り手に対する現実の保証は減少するか、あるいは回避される。実際に連帯金融のケースは、借り手に求められる保証を、他の金融仲介者の要求と比べて減少させることができる。こうして、信頼関係こそが、融資関係の条件交渉に対する必要かつ事前的な条件になる。アルティはこう主張する。

では、融資条件の中で最重要なファクターである金利は、連帯金融の場合にいかに決定されるか。アルティは、この点についても理論的な検討を行っている（pp. 107–108）。連帯的な集団的関係による融資は、これまでにも指摘したように、非貨幣的取引を貨幣的関係の中で促進する。それは、情報の非対称性を減少すると同時に、融資に関する三つの主要な変数、すなわち、アクセス、コスト、並びに保証を改善する。こうして連帯的融資のコストは、借り手にとって他の融資形態におけるものほど高くない。そこでは、リスクのレヴェルが低い借り手に対するものと同じ金利が提示されるからである。以下で、そのメカニズムを見ることにしよう。

銀行にとって、金利は二つある。一つは、質のよい借り手に対するもの（ia）であり、もう一つは、リスクのある借り手に対するもの（ib）である。そこで今、ilを銀行金利、imを銀行間市場金利（ないし再金融コスト）、Mを銀行収益、R（R_1とR_2）をリスク・プレミアム（借り手のリスクを銀行が評価したもの）とすれば、

$ia = \{il + R_1\}$　$ib = \{il + R_2\}$　ここで　$il = i_m + M$　また $R_2 > R_1$　である。

このようにして銀行は、借り手の予想されるリスクに応じて金利を引き上げる。

そこで、連帯的な集団的関係による融資のケースを見てみよう。その際の金利を is とすれば、$is = \alpha + c + M'$ と表せる。ここで α は $\alpha < R_2 < (R_1 + R_2)$ として示されるリスク・プレミアム、c は融資のコスト、M' は潜在的な収益で $M > M'$ とする。このように、連帯金融の仲介は、リスクを共有すると共に、予め提示される金利とは異なる金利 is を生み出す。この is は、① $is < ia < ib$ と、② $ia < is < ib$ の二つの可能性を示している。①のケースでは、連帯的な金利が市場金利以下になる。これは、贈与や補助金のような、非商業的融資によってしか生じない。それは、融資コストの最小限のものとなる。一方、②のケースでは、連帯的な金利は限定される。それは、銀行の提示する金利を上回る。なぜなら、銀行の再金融コストは非常にわずかであるのに対し、査定とフォロー・サポートのコストは銀行機能のコストを上回るからである。ただし、それは高利貸しの金利よりは低いものとなる。このようにして見ると、集団的関係による融資の金利に対する効果は、借り手の負債の重みを減少させることがわかる。これによって、融資へのアクセスが容易になることは言うまでもない。

他方で、こうした金利面での優遇と平行して連帯金融は、保証の面でも借り手に有利な条件を提供することができる。連帯金融は実際に、借り手の物質的な保証を、連帯的あるいは公的な保証に置き換えることによって、その保証が強まるように促す。保証はそもそも、貸し手にとって保護のメカニズムを意味する。それは、貸し手がリスクにもかかわらずプロジェクトに融資することを受け入れるために必要となる。そこでアルティが強調するのは、連帯金融においては、貸し手、借り手、並びに保証人の三つの機関の協調によって連帯保証が行われる、という点である。

では、そうした保証のメカニズムはいかに現れるか。この点について、アルティは次のように説く（p. 105）。まず、貸し手は、保証のための集団的ファンドを形成することができる。それは、連帯的融資が返済されないときに効力を発揮する。そこでは、貸し手間のリスクの共有が重要となる。こうした保証ファンドによって、連帯金融は、借り手側の返済失敗のリスクに対して安全であることを保証する。さらに、連帯的融資の貨幣的かつ非貨幣的な条件が、融資の前に固定される点も銘記すべきである。それらの条件は、銀行融資のケースと異なり、借り手と金融仲介者との間の不平等な関係の中で交渉されるものでは決してない。

以上に見られるように、アルティは連帯金融組織による融資の諸条件について、金利と保証に注目しながら理論的にそのメカニズムを検討した。それによって彼女は、そうしたメカニズムが、金融的排除を被った人々や企業に対して、融資へのアクセスを容易にすることを明らかにしたのである。

連帯金融の優位性は、何よりもそれが、情報の非対称性と結びついた借り手の質に関する不確実性を取り除く点に見出せる。この点で、連帯的な集団的関係による融資は、決して商業取引に還元されるものではない。それは、第一に、貨幣と社会的絆を同時に問題にすること、第二に、長期の期間に組み込まれること、そして第三に、金利を非商業的に決定することによる。アルティはこのように捉えながら、さらに連帯金融の借り手について、その質の問題を検討する（pp. 110–112）。

まず留意すべき点は、連帯金融の借り手には貯蓄がないという点である。したがってかれらは、自律的な融資、金融市場、並びに銀行による融資のいずれかを選択することができない。そうした中で、連帯金融を行う際に、借り手の質は一体どのように評価されるべきか。アルティはこの点について、五つの判断基準を示している。それらは第一に、外生的に発する情報（銀行の情報など）と内生的に発する情報（フォロー・サポートにより明らかとなる情報）の存在、第二に、連帯金融のサーヴィス関係から生まれる共同的な個人的関係、第三に、連帯金融組織、借り手、並びにパートナーの間における情報の共有、第四に、近隣の間での、あるいは連帯的な監視に基づく保証、そして第五に、永続的で集団的なフォロー・サポートによるコントロールである。これらの基準の下に借り手の質が判断され、連帯的融資の合意がなされることになる。

連帯金融は、繰り返し述べることになるが、連帯的で集団的な関係による融資が行われることで特徴づけられる。それは、不確実性を回避するために合意する規則を設定すると共に、共通の目的

表3　融資の合意

	法律上の合意	連帯的な合意
情報の取得と取扱いの方法	外生的なソース 匿名的関係 標準化された取扱い 私的な使用	外生的かつ内生的なソース 共同的な個人化された関係 相互主観的かつ公平な内生的取扱い 集団的な使用
保　証	個人的かつ実体的な保証	集団的な保証
債務者のコントロール	契約による事前的なもの	永続的かつ集団的なもの
返済できない場合の貸し手の態度	不信，警戒心	信　頼

出所：Artis, A., *op. cit.*, p. 115より作成。

によって機関の間の協力を促す。そこではまた、ジャンル、年齢、あるいは社会的階層による差別のないような、信用に対するアクセスの平等性が生み出される。アルティは、こうした融資の合意が、貸し手と借り手の間の協力やコーディネーションを促進し、そのことが借り手の返済比率を結果的に上昇させると見なす（p. 113）。彼女はそこで、**表3**に見られるように、通常の法律上の融資の合意と連帯的融資の合意とを比較しながら、後者の特殊性を浮彫りにさせる。その際の合意は、個人と組織の間の事実上の仲介・調停を表している。例えば、借り手に対する連帯的な監視も、合意による規則を成す。確かに、その中身は曖昧なままであるものの、そうした行為は、借り手の保証問題に対する解決の糸口を与えるものとなる（p. 116）。

連帯金融の条件と方法

次いでアルティは、連帯金融を実施する上の条件は何か、またその条件を満たすための方法はいかなるものかについて検討する。

アルティは、連帯金融に必要な諸条件として三つ挙げる（p. 119）。それらは、第一に分権化された管理と多元的な近隣性、第二に共同参加する集団、そして第三に商業的、非商業的、並びに非貨幣的な資源である。そこでまず、第一の条件について見ることにしよう。

アルティはここで、連帯金融において質のよい情報を最良に扱うためには、分権化された管理が必要であることを説く（pp. 121-123）。そもそも連帯金融をめぐる情報については特殊性が存在する。その際の情報は二つの性質を有する。一つは、貨幣的関係から生まれる会計的性質であり、もう一つは、社会的関係から引き起こされるより内生的な性質である。こうして、連帯的融資関係においては、外生的な定量的情報と内生的な定性的情報が生み出される。しかもそれらの二つの情報は相互に作用する。したがって、これらの情報の質とその取扱いが、連帯的融資関係を成功させる上で決定的になる。では、そのためにはどうすればよいか。アルティはここで、集団的関係による融資は、分権化された組織の中でこそ促進されると見なす。そうした組織が機関の間の争いを減らすと共に、定性的な情報を最も良く管理できるからである。

他方で、そうした連帯金融に必要な分権的性質は、連帯的融資関係の地域性と結びつく。というのも連帯金融は、最も停滞しているか、あるいは経済的困難にある地域に傾注するからである。したがって、その融資関係の問題は、地理的な近隣性を考慮することを意味する（pp. 124-125）。そこで、この近隣性の問題を連帯金融に関していかに考えたらよいかが問われるであろう。

集団的関係において、近隣性は実は社会的関係に基づく。それは、社会的な世界での絆から生まれるのである。このようにアルティは、連帯金融における近隣性の問題を、組織的かつ社会的な次元で考察する（pp. 127-129）。そうした近隣性は、第一に、連帯金融の借り手と金融仲介者とのサーヴィス関係において、第二に、パートナーと連帯金融組織との間の協力関係において発展する。そして大事なことは、そのような近隣性の問題を考えることによって、連帯金融の本質的特徴を探ることができるという点である。つまり、連帯的な融資関係は、借り手といっしょに信頼関係をつくり出す一方で、組織間の協力関係をも形成するものとなる。アルティはそれゆえ、この融資関係に共同参加する集団を検討する上で、地理的かつ組織的な多元的近隣性を明らかにすることが重要であると唱える（p. 131）。そこで次に、そうした集団についてくわしく見ることにしよう。

「共同参加する集団」という概念はそもそも、複数のアクターが経済活動において、また組織のガヴァナンスにおいて混ざり合うことを想定している。そこでは、かれらが共通の利害のおかげでコーディネートされる。この集団内でのコーディネーションは、かれらの協力を有利なものとする。アルティはこのように、まず、企業のガヴァナンス論での議論を援用しながら、共同参加する集団の一般的な意味を押えた上で、その考え方を連帯金融に適用する（pp. 131-132）。連帯金融は、異なるアクター間の人間的、技術的、並びに金融的な手段の多元的な形態を促す。したがってそれは、共同参加する集団の存在によって特徴づけられる。そうした集団の中には、貯蓄者、銀行のパートナー、地方自治体、ヴォランティア、並びに賃金労働者などが含まれる。かれらは、組織の活動とガヴァナンスに影響を及ぼすことができるのである。

そこでアルティは、各成員の役割についても検討する（pp. 132-134）。まず貯蓄者を見てみよう。かれらは、自身の貯蓄を連帯金融に投入する。このことは、排除された人々の社会的編入や環境活動に対応しながら、全般的なシステムに対する責任を強める。しかも、そうした貯蓄者は、営利的あるいは投機的な運用と比べて報酬がわずかであることを受け入れねばならない。同時にかれらは、借り手と共に、預金での運用よりも一層大きなリスクを持つことに責任を負う必要がある。

では銀行の場合はどうか。かれらは、連帯金融を維持する上で複数のロジックに応じ、リスクや管理コスト、並びに借り手のコントロールを外部化すると共に、潜在的に収益のある市場を形成するために新たな顧客を探る。他方でかれらは、自身の行動を社会的な諸問題と結びつける一方、地方自治体は集団的ファンドに満ちており、それをローカル企業に融資する。また、ヴォランティアは、

図3　連帯金融に共同参加する集団

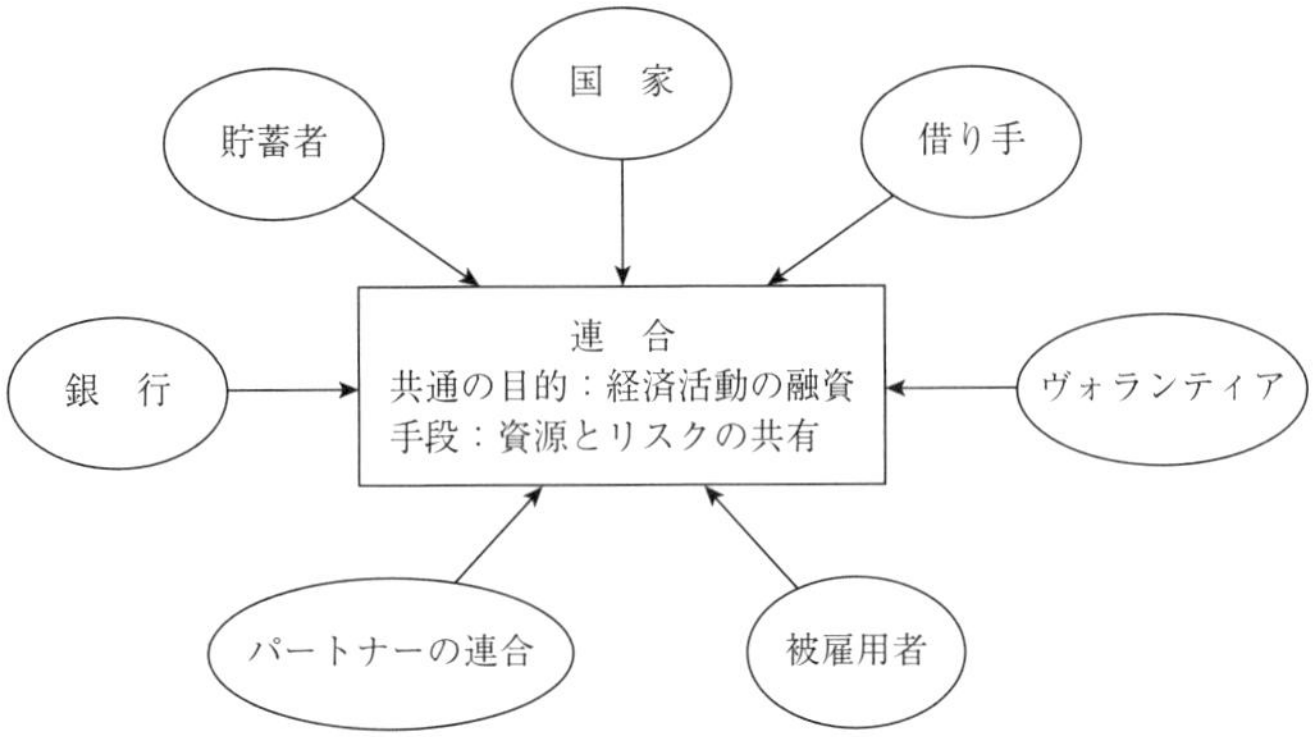

出所：Artis, A., *op. cit.*, p. 134 より作成。

プロジェクトの保有者をフォロー・サポートしながら、組織の活動とガヴァナンスに協力する。そして借り手は言うまでもなく、かれらの返済によって連帯金融の活動に影響を及ぼす。**図3**は、以上のような共同参加する集団の関係を総括的に示したものである。

ここで、そうした集団に関して留意すべき点を再度確認しておきたい。それは、かれらが個人的利益を追求するのではなく、集団的な富の創出を促すと共に、経済の活性化という条件の下で社会福祉の向上に参加するという点である。このような集団の連合はそれゆえ、より大きなコストにもかかわらず、連帯的な集団的関係による融資を維持するという大きな挑戦に応じることになる。

ところで、アルティが共同参加する集団の一員として銀行を加えるのは、彼女が、連帯金融組織の発展を銀行との関係で捉えているからに他ならない（pp. 134-136）。要するに、そうした組織の利用できる資金は、銀行との結びつきの中で増大すると考えられる。ただし、そこでの銀行行動は、当然ながら連帯金融に協力的なものとならなければならない。実際に、銀行の意義は様々に見出せる。それは、連帯金融の戦略的方向づけへの参画や責任の分担に限られない。より実践的なものとして、新しい貯蓄商品（共同の運用ファンドあるいは連帯的な共通ファンド）の設定、ファンドの形成、共同出資、信用ラインの開設、並びにプロジェクトへの共同融資などが挙げられる。ここでとくに、連帯金融と協同組合銀行のネットワークとの間に密接な関係があることを指摘しなければならない。この点は、連帯金融が協同組合銀行と価値を共有することから生まれる。その際に協同組合銀行は、かれらの協同的な特殊性を再確認する。そこには、社会的活動に利益を再投資することや、地域との絆をつくることが含まれる。

このように、連帯金融組織の中に銀行が組み入れられることは、そうした組織の機能に強い協力関係が反映されていることを示している。事実、銀行は融資を決定する上で代表的存在となる。こうして、銀行と連帯金融組織との間には依存関係が形成されるのである。それはとくに、貯蓄の収集とその再配分の場面で現れる。

他方でアルティは、連帯金融と国家との関係に注目する。冒頭で述べたように、グラミン銀行に代表されるマイクロファイナンスにおいて、それがソーシャル・ビジネス・モデルに基づく限りは、そうしたファイナンスと国家との関係を論じる余地はない。すでに指摘したように、ユヌスは国家の介入を排する姿勢を明らかにしている。それゆえ彼女が、国家を連帯金融組織に組み入れる考えを示したことは、連帯金融をその他のマイクロファイナンスと区別させることになる。アルティによれば、国家と連帯金融の関係は次の二つのプロセスで発展する（pp. 137-138）。一つは雇用政策で、これは失業と対決する戦略となる。もう一つは分権化で、これは経済活動における地方自治体の活動を促進させる。実際に地方自治体の戦略は、地域的対応を促す。一方、連帯金融は、地域サーヴィスに対するローカルな融資手段となる。

ところで、国家の介入は法制的基盤の上で進められたことも留意する必要がある。事実、フランスでの一九八四年の銀行法は、ノンバンクによる社会的使命に対する信用の可能性を認めた。このように、マイクロクレディットを優遇する対策は、連帯経済を発展させる対策と軌を一にする。また、社会的連帯のための法は、失業者によるマイクロ企業の創設を促すものであった。これらの法が、マイクロクレディットと社会的使命に対する貸付を引き起こしたのである。そこでの資金は、営利的目的のない組織によって配分されたものであった。

確かに、連帯金融の法的規定は存在しないし、マイクロクレディットのそれもない。そうした中で、国家は連帯的融資を強める動きを表してきたのである。それは、失業者や社会的に最低限の収入しか受けられない人々に対する直接的な金融支援を与えることによって遂行された。国家は実際に、財政的テコ、すなわち連帯的投資に対する免税によって、連帯金融を有利とした貯蓄・投資行動を促した。こうしたコンテクストの中で、連帯金融は、マイクロ企業の発展や失業に対する闘いの手段として用いられたのである。

アルティは、このような国家の連帯金融に果す役割について、構造的側面に注目しながら論じる（p. 140）。連帯金融による融資は、国家による保証と支持によって提供される。一方、借り手に対しては、直接的な公的支援によって支払い可能とする対策が講じられる。つまり、連帯金融の需給構造が、国家によって支えられるのである。このことが、銀行や貯蓄者に対して、連帯金融のインセンティヴを与えることは言うまでもない。こうして連帯金融は、中央・地方政府による信用政策と経済発展政策に組み入れられることによって、より幅の広い金融サーヴィスを提供できる。この点の主張は、アルティの連帯金融論の一大特徴を成す。

連帯金融に共同参加する集団は、貨幣的かつ非貨幣的な貢献を果す。それは、連帯的な集団的関係による融資を不可欠なものとする。しかも、そうした融資は、保証のない長期の投資を意味する。したがって、その際の融資活動のコストは大きなものとなる。しかし、このコストは返済失敗や危機のリスクの減少によってカヴァーされる。連帯金融において、商業的、非商業的、並びに非貨幣的な資源を結集することが、そうした金融をコントロールするコストを最小にすると共に、その融資活動の特殊性を管理できるようにする。事実、連帯金融は、個人の私的な貯蓄、銀行の提示する信用ライン、贈与と補助金、さらには非貨幣的なヴォランティアなどを利用する（p. 141）。

ところで、このように連帯的融資のための資源が多様化することは、融資条件に対して大きなインパクトを与える。この点についてアルティは、七つの資源を取り上げ、各々について検討を加えている（pp. 142-144）。以下でそれらを列挙しておこう。

第一に、金融機関が管理する共有の貯蓄から生まれる贈与。これは、返済不要で、連帯金融組織にとって無償である。第二に、連帯金融組織に投資された連帯的貯蓄。これは、賃金労働者の貯蓄や連帯的投資のための貯蓄という形態を成す。それは、金融機関によって間接的に収集されるもので、連帯金融組織にとっては安定した低コストの資金となる。第三に、連帯金融組織の社会的部分の購入に対する直接的な投資。ここで連帯的貯蓄は、連帯金融組織をつうじて直接に投資される。この投資についてはとくに留意すべき点がある。それは、そうした投資が利他主義のロジックによって動機づけられるということである。したがってこの投資は、大きな金融収益を追求するのではなく、それは貯蓄を利用する際の社会的付加価値を要求する。その意味で、このロジックは、今日の資産管理で支配的な投機のロジックと決定的に異なる。連帯金融はあくまで、ファンドに対する責任のある市民による管理を提示する。このファンドは、集団的利益を満たすことに制約されながら割り当てられる。そして、ファンド出資者に対する報酬も控え目である。第四に、銀行が連帯金融組織に割り当てる信用ライン。ただし、これは、全ての連帯金融組織にとって可能なものではな

表4　連帯金融の資源

商業的資源	非商業的資源	非貨幣的資源
連帯的貯蓄 連帯的投資 信用ライン	共有の貯蓄 私的贈与 補助金	ヴォランティア

出所：Artis, A., *op. cit.*, p. 144 より作成。

い。第五に、個人と企業による直接的贈与。第六に、地方自治体が供与する公的補助金、及び国家による間接的支援。最後に、ヴォランティアがある。**表4**は、以上の資源を総括的に表したものである。このうち、連帯金融組織が受け取ることのできる基本的資源として、第二と第三の資源を挙げることができるであろう。それらはまさに、連帯的貯蓄による連帯的投資を示すもので、連帯金融活動の本質を支えるものであると言ってよい。

連帯金融は他方で、その活動における利益を再び割り当てることを促す。同時に、その利益は社会資本に再投資される。それは、それほど多くの利益を生まない活動に融資されると共に、新たなイノヴェーションを発展させる。そこでの管理規則は、通常の株主のロジックではなく、連帯のロジックに基づく。しかも、ファンド出資者が大きな金融収益を求める圧力は小さい。なぜなら、それは社会的かつ経済的な必要を満たすからである。アルティはこのように、連帯金融に資源を提供する主体の動機が、伝統的で標準的な金融・投資に見られる利潤動機のみでは決してなく、そこには、社会的発展を促すという動機も含んでいることを指摘する。

ところで、以上に見たように、連帯金融の資金源には、非金融的かつまた非商業的なものが含まれる。それは、贈与や補助金であり、借り手をフォロー・サポートするためのものとなる。というのも、そうしたフォロー・サポートにはコストがかかるからである。そこでアルティは、借り手をフォロー・サポートする際のコストを誰が負担するかという問題を提起する（pp. 145-146）。そこには、二つの対立した見解が存在する。一つは、借り手自身が信用と結びついたフォロー・サポートのコストを負担すべき、というものであり、もう一つは、そのコストは異なる機関の間で共有されるべき、というものである。この後者のケースでは、国家も融資の社会的効用という観点から入り込む。さらに、これらの考え方の相違は、金利の決定にも反映される。まず、借り手がコストを負担する場合に、金利は銀行金利を上回る。そこではコストが金利に転化される。これに対して、そのコストが集団的に共有されるケースでは、金利は、連帯のメカニズムによって援助されるためにゼロに近いかインフレのレヴェルとなる。

アルティによれば、現在においてもフォロー・サポートのコスト負担をめぐる議論に結着はついていない。しかし彼女は、フォロー・サポートが公的な集団に依存するという考えが次第に根づきつつあることを指摘する。この考えに基づけば、フォロー・サポートと結びついたコストは、完全に借り手が負うものではない。それは、非金融的かつ非商業的な資金で賄われる。

このようにして見ると、連帯的融資関係への投資と結びつくコストは、確かに連帯金融活動の永続性と発展に対する制約となる。それは、商業的、非商業的、並びに非金融的な資金を結集しても現れる。この結果、融資の抑制が生み出されてしまう。こうした事態に対し、アルティは、今一度連帯金融の根本原則、すなわち、より貧しい人々の金融的排除の一掃という原則に立ち戻ってみる必要があることを訴える。その一つの実践的な例として、彼女はフランスの連帯金融組織による戦略を挙げる。それは、フォロー・サポートのコストと融資のコストを分離させるものとして示される。そして、この分離は、異なる性質の資金の結集によって行われるのである。

ところで、信用供与の決定に関する集団的プロセスの中で、各パートナーの利害の対立は当然ながら融資の決定を妨げる。そこで、それらのパートナーをいかにコーディネートするか、また連帯金融は、そうした異なるパートナーのロジック間で生じる緊張の中で、その統一的機能をいかに強めることができるか、そして、このプロセスの安定性を保つには何が必要か。アルティはこのように問いかける。これらの問いに対して彼女はまず、連帯金融が、一つの妥協によって支えられることを大前提として考える（p. 146）。この妥協こそが、不確実な状況の中で各パートナーの行動をコーディネートさせる。連帯金融によって確立される妥協は、共同参加する集団のロジックを尊重すると共に、金融的連帯のロジックに向けてかれらを収斂させる。この連帯のロジックは、経済的収益性と社会的効用との間のバランスに基づく。ここに、連帯金融がたんなる理念としてではなく、実践されるものと見なされている点を見ることができる。

実際に、連帯金融における異なるロジックは、信用を正当化する上で対立する。そこでは営利的活動のための信用（商業の世界）、家族の資産を永続化するための信用（家族の世界）、生産手段の効率を改善するための信用（産業の世界）、並びに雇用をつくり出すための信用（市民の世界）という四つのロジックが交錯する（pp. 147-148）。そして、これらの四つの世界、すなわち、商業、家族、産業、並びに市民の世界が結びつくことによって融資に対するアクセスの可能性が拡がる。そのために妥協が基本的に必要なことをアルティは訴えるのである。

まず、四つの世界の各々について、コーディネートの仕方が異なる点を認めなければならない。商業の世界では市場と価格、家族の世界では信頼、産業の世界では技術的手段、並びに市民の世界では法制的規律の各々によってコーディネートされる。さらに、連帯的な信用を正当化する仕方も、それらの世界で据えられているロジックの間で違う。商業の世界のロジックは事業を行う個人の解放と自由の発展、家族の世界のロジックは個人のヴェクトルの優先、産業の世界のロジックはプロジェクトの経済的効率、並びに市民の世界のロジックは集団の利益の優先という各々の仕方が示される。

このようにして見ると、四つの世界の結合は、各世界がア・プリオリに相入れないロジックに基づいているがために、それほど簡単ではない。また仮に結合したとしても、それは安定したもので

表5　連帯金融における緊張関係

	市民の世界	商業の世界	産業の世界	家族の世界
市民の世界	―	収益の不足 資金配分の機能不全	非効率 官僚主義	金融関係の個人化
商業の世界	借り手の差別と排除	―	透明性の不足	匿名性 借り手の隔離 金利の悪化 個人的利害の追求
産業の世界	極度に技術的な融資の一般的効用を犠牲にした効率	方法の厳格さ 計画化	―	集団的利害を犠牲にした効率の追求
家族の世界	優　遇	依　存	保守主義	―

出所：Artis, A., *op. cit.*, p. 150 より作成。

はない。連帯金融においてはそれゆえ，本質的に各世界の間で緊張が生じる。実はアルティもこの点に気づいている（pp. 149-150）。そもそも連帯金融に関与する人々は，社会的に再編入される状況にある個人であり，かれらは，従属，依存，あるいは排除というような関係の中に位置づけられる。そこで市民の世界のロジックは，それらの人々を市民として考え，信用に対する差別のないアクセスを認める。この結果，そうした市民の世界との結合が，他の世界との緊張を生み出すことは間違いない。アルティは，以上に見た四つの世界を結合する上で現れる緊張関係を**表5**のように示している。では，そのような緊張を和らげるために，連帯金融に共同参加する集団の活動に見られるロジックの間でいかに妥協を図るか。彼女は、この妥協の方向を探る。それは言うまでもなく、連帯金融が実施されるために必要不可欠となるからである。

アルティは、連帯金融はそもそも、以上の四つの世界に見られる様々な利害の間の妥協を生み出すものであると捉える（pp. 152–153）。その際の妥協は、経済的かつまた社会的な性質を持った共同参加する集団の間の合意から成る。それは、金融的排除を被った人々や集団の信用に対するアクセスを可能にすると同時に、銀行と借り手の間の特別な対立的状況を乗り越えようとする。それゆえこうした妥協が、結果的に借り手をその個人的状況から解放させる。この意味で、連帯金融は個人の自律を促進する。このようなプロセスの中で、連帯金融は、実践的な仲介者としての役割を担うのである。

以上に見たように、連帯金融は、異なるロジックと価値の有機的な結びつきに基づいている。ただし、それらのロジックと価値は、営利的で非個人的な投機的・商業的金融の基準とは全く異なる点を再度銘記する必要がある。そして大事なことは、連帯金融と従来型の商業的・資本主義的金融との相違が、前者に共同参加する集団の間の合意に基づく妥協から生じるという点であろう。しかも、この妥協のおかげで、そうした集団はコーディネートされ、それによって融資関係の不確実性を管理することができる。さらに、そうした妥協は、異なるロジック間の均衡も形成する。それは、連帯的な集団的関係による融資の維持と永続性を保証するのである。

連帯金融の意義と課題

最後に、以上に見たアルティの議論を振り返りながら、今日の連帯金融の意義はどこに見出せるか、また、そこにはいかなる課題があるかを検討することにしたい。

まず、連帯金融の意義について見てみよう。筆者は、それは大きく分けて三つあると考える。第一に、これは最も重要な点であるが、連帯金融は金融の社会化を進める一大要因になること、第二に、それとの関連で、連帯金融は金融の民主化を促すこと、そして第三に、連帯金融は実践可能なことである。以下で、各々について議論を展開しておきたい。

最初に、これまでに何度も指摘している点を、ここであえて再び強調しておこう。それは、連帯的な金融関係が、それに共同参加する集団の間で、貨幣的関係と社会的絆とを連合させるという点である。アルティの研究における最大の意義も、彼女がこの点を明確に表したことに尽きる、と言ってよいであろう。そこでは、集団的関係としての連帯的融資関係が、社会的関係をも形成すると見なされる。借り手に対する集団的・社会的フォロー・サポートは、この点を如実に物語る。つまり、連帯金融は、金融における社会化の場をつくり上げるのである。このことはまた、個人間の、かつまた個人と組織の間の強い信頼関係に基づいている点も忘れてはならない。

このように、連帯金融が、社会的関係をその内部に組み込んでいる点にこそ、その最重要な特徴を見ることができる。それはまた、諸々のアクターから成る共同的集団の連帯を表す。このことは、既存の伝統的金融仲介において、社会的関係があくまでも外部化されていることと決定的に異なる。こうした連帯金融による社会的機能の内部化が、共同参加する集団の役割を正当化させるのである。

アルティはこの点について、一つの理論的な分析視点を提示している（pp. 186-187）。それは、社会化を基盤としたアプローチという視点である。このアプローチは、経済行動を社会的関係によって予め規定されたものとして捉える。彼女は、この分析視点に立ちながら、連帯金融によって生み出される融資関係も、社会的関係の力学に基づき個人化された関係であることを主張する。現代の金融システムにおいて、社会的関係が貨幣的関係と完全に乖離していることを踏まえると、まさにこのような社会化を基盤とする見方が一層際立つ。

ところで、連帯金融により、そうした金融の社会化が築かれることと平行して、金融の民主化という動きも促進される点に、その第二の意義が認められる。この動きは、連帯金融における市場の非競争性と非営利性として表される。アルティが唱えるように、連帯金融の市場構造は、完全競争の状態のみでは分析されない。それが社会的絆に基づいており、しかもそれによって生まれる関係が、社会的相互活動による強い度合の個人化を意味する以上、そこには当然ながら非競争的要因が絡む。信頼、評判、あるいは因習というような価格以外のメカニズムがそこで作用する。それゆえ連帯金融の市場の大きな特徴は、その低い競争性に見ることができる。そこでの貸し手と借り手の関係は、個人間の関係を意味する。それは、競争的市場で現れる関係からほど遠い。その市場は非明示的な契約に基づいており、そうした契約は長期的関係への投資を促す。それは、一回限りの一時的な投資として表されるものでは決してない。このような個人化された金融が行われることは、言うまでもなく金融の民主化を進展させることになる。

他方で、連帯金融に共同参加する集団は、すでに示したように、かれらの貯蓄をわずかな報酬で運用する。連帯金融の有する社会的合目的性が、貸し手に対して不当で大きな利益を与えないようにするのである。このように、連帯金融の営利性が制限されていることは、結局、金融の圧力を和らげると共に、不当な高金利を課すことで生じる「支払いの遅延（ホールド・アップ）」というリスクを減少させる。つまり、借り手の返済不能という危機は、貸し手の非営利主義によって防ぐことができる。この点にも、貸借関係の民主化の動きを見出せるのではないだろうか。こうして、以上に見たような連帯金融における金融の社会化と民主化のプロセスが、集団的な社会福祉の向上を積極的に押し進めるのである。

一方、連帯金融は、そうした金融の社会化と民主化を促進する手段となることによって、それは伝統的な金融理論の見直しをも図るものとなる。従来の標準的理論では、社会的次元や倫理的次元の問題が、内生的に位置づけられることはなかった。それらの問題は、すでに指摘したように、あくまでも外生的なものとして扱われたにすぎなかった。しかし今日、繰り返し引き起こされる金融危機により、人々は失業問題を中心とする社会問題や金融機関のモラル・ハザードによる被害に直面し、伝統的な金融システムに取って代わるシステムを強く求めている。それは、とりわけ混迷を深める欧州の中で市民により訴えられているのである(6)。連帯金融はこの点で、そうしたオールタナティヴな金融システムを支える理論づくりにおいて重要な示唆を与えることは間違いないであろう。

では、連帯金融は、そのような理念的産物としてのみ表されるのかと言えば決してそうではない。否むしろ、その真の意義は、そうした金融が、現実のものとして世界で実践されている点にこそ見ることができる。そして、そうした実践の可能性を促す考え、すなわち、異なる集団間の妥協という考えが、連帯金融を実現させているのである。最後に、この点について見ることにしたい。

連帯金融のガヴァナンス方式は、アルティが主張するように集団間の対立を乗り越えようとするものである。それはまた、複数のロジックの間の妥協を促す。これにより、連帯金融に共同参加する各集団の望みは満たされ、同時に金融の社会的効用が達成されると考えられる。もちろん、すでに見たように、異なるロジックの間で歴史的な対立がある以上、そうした妥協を図ることは容易でない。しかし、連帯金融の現実的可能性は、この妥協による他はないと言っても過言ではないのである。

さらに、そうした連帯金融の実現に関して、つけ加えて留意しておくべき点がある。それは、連帯金融組織の中に、国家や地方自治体などの公的機関が入り込んでいるという点である。とくに国家の介入は、二〇〇〇年代に入ってますます重要になっている。[7] それは、欧州的、国民的、あるいはローカルな規模で現れている。実際に、連帯金融の機能に関するコストは公的補助金で保証される。それは、直接的もしくは間接的（雇用に対する補助金）な形態をとる。こうして国家の介入は、社会的効用の要求に対する基準となる。他方で地方自治体も、一般的利益の活動という枠組の中で介入することによって地域の発展に貢献する。このようにして見ると、国家や地方自治体の公的機関が、連帯金融の実現に大きな役割を担っていることがよくわかる。この点はまた、マイクロファイナンスの抱える問題を解消することに結びつく、と言ってよい。

では、連帯金融にはいかなる課題が潜んでいるか。次にこの点を見ることにしたい。

まず、テクニカルな側面で、連帯金融の実態を統計的にきちんと把握することが困難である点を指摘しなければならない。アルティも示しているように、連帯金融に関する同質の統計的数値は現時点で存在しない（pp. 8-9）。実際に、連帯金融をめぐる金融のフローは、統計上の完全なカテゴリーとしては認められていない。というのも、個人的貸付や職業的貸付、さらには資本出資などの多様な性格を持った連帯金融手段を簡単に知ることができないからである。例えば、連合組合による融資は個人的貸付である一方、連帯的な金融団体による貸付は職業的貸付に属する。このように、連帯的融資は、同様の仕方で数え上げられるものではない。また、連帯的な投資家クラブは、かれらの投資を宣告する義務を負っていない。したがってそこには、数値の収集と同質化の困難が潜む。このような困難の下で、科学的要求に応じることのできる統計的数値を計上することができないのである。

こうした中で、量的データは一応、連帯金融組織により与えられる。かれらは、固有の数値を生み出し、それを選別しながら流布する。フィナンソルは、連帯金融の集合された、かつまた単純化されたデータを、その成員の宣告に基づいて提供している。しかし、各組織の計算方法はしばしば異なる。このことは、データの比較を容易にするものではない。さらに、当初のデータにアクセスすることは、機密の因習の下では非常に難しい。これらの困難に直面して、連帯金融の定量的分析を完全なものにすることが切に求められている。

一方、より本質的な課題もある。まず、連帯金融を運営するためのファンドづくりに関する課題を指摘できる(8)。確かに、これまで見てきたように、連帯金融に共同参加する集団による連帯的貯蓄の収集は、共通のファンド形成を可能にする。問題なのは、そうしたファンドが現実味を帯びるためにはどうすればよいかという点である。実際に、ローカルな連帯金融の連合組合は、相互的なファンドをつくることに失敗していると言われる。そこでは、一般市民の貯蓄が連帯金融に適合していないのである。

他方で、アルティも指摘するように、不平等と対決するテコとしての連帯金融は、その融資額を大幅に増大する必要があるという圧力を受けている（p. 187）。結局、こうした問題に真に応えるためには、連帯金融とその基盤となるはずの連帯経済との有機的な結びつきを強化する以外にないのではないか。つまり、両者の間のインターフェイスを確実なものとして設けなければならない。そうすることで、資金の需給関係がスムーズにでき上がると考えられる。このことはまた、連帯金融組織を社会・連帯経済に組み入れることを意味する。連帯金融はこうして、金融に参加するアクターの連帯に向けた方向を示す。そしてそのことが、連帯金融を支える集団的関係とパートナーシップのおかげであることも忘れてはならない。

ところで、このような連帯金融を社会・連帯経済と共に押し進めるべき根本的精神は、あのM・モース（Mauss）によって呈示された考えに求めることができる。モースは、著名な『贈与論』の中で、道徳上の結論として次のように唱える。「国家やその従属集団が気を配り守ろうとするのは個人である。社会は社会の細胞を再び見出そうとするのである。個人が持つ法意識と、施し・『社会奉仕』・連帯責任といったより純粋な意識とが入り交じった奇妙な精神状態において、社会は個人を探し求め、援助する」[9]。我々は、この箴言を今一度心に留める必要があるであろう。

注

（1）Lagoarde-Segat, T., *La finance solidaire — Un humanisnm économique —*, de boeck, 2014, pp. 68-69.

（2）*ibid.*, pp. 53-55.

（3）*ibid.*, pp. 68-70.

（4）*ibid.*, pp. 68-69.

（5）河野健二編『プルードン・セレクション』平凡社、二〇〇九年、一三七頁。

（6）Boccara, F., Dimicoli, Y. et Durand, D., *Une autre Europe — Contre l'austérité —*, Le Temps des Cerises, 2014, p. 65.

（7）Taupin, M.-T. & Glémain, P., "De la finance alternative à la finance solidaire: quel degré de dépendence institutionnelle?," in Dussuet, A. & Lauzanas, J.-M., dir., *L'économie sociale entre informel et formel — Paradoxes et innovations —*, Presses universitaires de Rennes, 2007, pp. 167-168.

（8）Taupin, M.-T. & Glémain, P., *op. cit.*, pp. 175-176.

（9）マルセル・モース『贈与論』吉田禎吾・江川純一訳、ちくま学芸文庫、二〇〇九年、二六五頁。

《訳者紹介》

尾上修悟（おのえ・しゅうご）

1949年　生まれ。
現　在　西南学院大学経済学部教授。京都大学博士（経済学）。
2000年と2004年にパリ・シアンス・ポリティークにて客員研究員。
主　著　『イギリス資本輸出と帝国経済』ミネルヴァ書房，1996年。
『フランスとEUの金融ガヴァナンス』ミネルヴァ書房，2012年。
『欧州財政統合論』ミネルヴァ書房，2014年。
『国際金融論』（編著）ミネルヴァ書房，1993年。
『新版 国際金融論』（編著）ミネルヴァ書房，2003年。
『新版 世界経済』（共編著）ミネルヴァ書房，1998年。
『イギリス帝国経済の構造』（共著）新評論，1986年。
『国際経済論』（共著）ミネルヴァ書房，1987年。
『国際労働力移動』（共著）東京大学出版会，1987年。
『世界経済』（共著）ミネルヴァ書房，1989年。
『新国際金融論』（共著）有斐閣，1993年。
『世界経済論』（共著）ミネルヴァ書房，1995年。
『世界経済史』（共著）ミネルヴァ書房，1997年。

「連帯金融」の世界
——欧州における金融の社会化運動——

2016年4月20日　初版第1刷発行　〈検印省略〉

定価はカバーに
表示しています

訳　者　尾　上　修　悟
発行者　杉　田　啓　三
印刷者　中　村　勝　弘

発行所　株式会社　ミネルヴァ書房
607-8494 京都市山科区日ノ岡堤谷町1
電話代表 (075)581-5191
振替口座 01020-0-8076

中村印刷・兼文堂

ISBN978-4-623-07599-7
Printed in Japan

《著者紹介》

アメリ・アルティ（Amélie Artis）

現在，グルノーブル・シアンス・ポリティークの経済学教授で，社会・連帯経済，連帯金融・マイクロファイナンスの分野におけるフランスの代表的な研究者の一人である。アルティの研究は，経済システムにおける社会・連帯経済の位置づけに関するもので，とくに連帯金融の問題について，理論的な包括的研究を初めて表したことで知られている。その成果として，*La finance solidaire—Analyse socio-économique d'un système de financement*, Michel Houdiard, 2012, *Introduction à la finance solidaire*, Presses universitaires de Grenoble, 2013（本訳書の原書）などの著書がある。

索　引

（＊は人名）

あ 行

か 行

さ　行

た　行

な　行

は　行

ま　行

や　行

ら・わ　行

参考文献

＊　原著書に記載された文献のみを表す。ただし，原著書の参考文献欄に記載はないが，同書中に引用されている文献を追加している。

ADIE, 2009, *Rapport d'activités.*

Aglietta M., 2008, *Macroéconomie financière*, Paris, coll. Repères, La Découverte.

Alcoléa-Bureth A.-M., 2004, *Pratiques et théories de l'économie solidaire. Un essai de conceptualisation*, Paris, L'Harmattan.

Ang J. S., 1991, "Small business uniqueness and the theory of financial management," *The Journal of Small Business Finance*, vol. 1, pp. 1-13.

Ang J. S., 1992, "On the theory of finance for private held firms," *The Journal of Small Business Finance*, vol. 1, pp. 185-203.

Ansart S., Monvoisin V., 2012, «Le métier du banquier et le risque: la dénaturation des fonctions de financement du système bancaire», *Cahiers d'économie politique*, n° 62, pp. 7-35.

Artis A., 2012, *La finance solidaire: analyse socio-économique d'un système de financement*, Paris, Houdiard.

Aubier M., Cherbonnier F., 2007, «L'accès des entreprises au crédit bancaire», *Économie & Prévision*, n° 177, pp. 121-128.

Bain J., 1956, *Barriers to new competition*, Cambridge, Harvard University Press.

Balkenhol B., 2009, *Microfinance et politique publique*, Paris, PUF.

Belletante B., Levratto N., Paranque B., 2001, *Diversité économique et modes de financement des PME*, Paris, L'Harmattan.

Bert T. et al, 2009, *Le microcrédit*, Inspection générale des finances, Paris.

Besanko D., Kanatas G., 1993, "Credit market equilibrium with bank monitoring and moral hazard," *The Review of Financial Studies*, vol. 6, pp. 213-232.

Besley T., Coate S., 1995, "Group lending, repayment incentives, and social

collateral," *Journal of Development Economics*, n° 46, pp. 1-18.

Bévant D., 2003, «Les associations sont-elles des entreprises», in *Les associations entre bénévolat et logique d'entreprise*, Rennes, Presses universitaires de Rennes, pp. 49-65.

Boltanski L., Thévenot L., 1991, *De la justification*, Paris, Gallimard.

Bouchard M., Ferraton C., Michaud V., Rousselière D., 2008, «Base de données sur les organisations d'économie sociale, la classification des activitiés économiques», *Cahier Recherche*, Chaire de recherche du Canada en économie sociale, Recherche n° R-2008-01.

Bourdieu P., 1994, *Raisons pratiques. Sur la théorie de l'action*, Paris, Le Seuil.

Bourgeois L., 1902, «L'idée de solidarité et ses conséquences sociales," in Bourgois L., Croiset A., *Essai d'une philosophie de la solidarité*, Paris, Alcan, pp. 1-119.

Bourguignon A., 2000, «Performance et contrôle de gestion», in *Encyclopédie de comptabilité, contrôle de gestion et audit*, Paris, Écoinomica, pp. 931-941.

Bourque G., Gendron C., 2003, «Une finance responsable à l'ère de la mondialisation économique», *L'économie politique*, n° 18, pp. 50-61.

Brun-Hurtado E., 2005, *Tous commerciaux? Les salariés de l'agence dans les transformations de la banque des années 1990-2000*, thèse de doctorat, Université d'Aix-Marseille.

Chantelat P., 2002, «La nouvelle sociologie économique et le lien marchand: des relations personnells à l'impersonnalité des relations», *Revue française de sociologie, année* 2002, vol. 43, n° 3, pp. 521- 556.

Charbonneau J., 1998, «Lien social et communauté locale: quelques questions préalables», *Lien social et politiques*, n° 39, pp. 115-126.

Clévenot M., 2008, «Les difficultiés à nommer le nouveau régime de croissance», *Revue de la régulation*, n° 3-4, mis en ligne le 15 novembre 2008.

Cornée S., 2011, *Incertitude, coopération et intermédiation financière: relation de long terme, production du savoir idiosyncrasique et prise de décision dans la banque solidaire*, thèse de sciences de gestion, Université de Rennes 1.

Courpasson D., 1995, «Éléments pour une sociologie de la relation commerciale: Les paradoxes de la modernisation dans la banque», *Sociologie du travail*, n° 95 (1),

pp. 1-24.

Cull R., Demirguç-Kunt A., Morduch J., 2009, "Microfinance Meets the Market," *Journal of Economic Perspective*, pp. 167-192.

Demoustier D., 2001, *L'économie sociale et solidaire*, Paris, La Découverte-Syros.

Desroches H., 1990, «Nous avons dit tontines: des tontines nord aux tontines sud, allers et retour», in Lelart M., *La tontine: pratique informelle d'épargne et de crédit dans les pays en développement*, John Libbey Eurotext, Aupelf, pp. 1-24.

Diamond D., 1984, "Financial intermediation and delegated monitoring", *Review of Economic Studies*, n° 51, pp. 393-414.

Dietsch M., 1993, «Localisation et concurrence dans la banque», *Revue d'économie*, n° 4, pp. 779-790.

Dietsch M., 2005, *La place de la concurrence dans l'organisation et le fonctionnement du secteur bancaire*, Cycle de conférences: «Droit, Économie et Justice dans le secteur bancaire», 4 avril 2005.

Durkheim É., 1893, *De la division du travail social*, Paris, PUE.

Eber N., 1999, *Les relations de long terme banque-entreprise*, Paris, Vuibert.

Eber N., 2001, «Les relations bancaires de long terme. Une revue de la littérature», *Revue d'économie politique*, 2001/2, vol. 111, pp. 195-246.

Farrugia F., 1997, «Exclusion: mode d'emploi», *Cahiers internationaux de sociologie*, n° 102, pp. 29-57.

Ferraton C., 2001a, «Des liens de convergence entre la théorie économique et les solidarités financières» in Servet J.-M., Vallat D. (dir.), *Exclusion et liens financiers. Rapport du Centre Walras*, Paris, Économica, pp. 364-378.

Ferraton C., 2001b, «Les opérations de finance solidaire et la loi du 1er juillet 1901," in Servet J.-M., Vallat D. (dir.), *Exclusions et liens financiers. Rapport du Centre Walras*, Paris, Économica, pp. 299-308.

FIMOSOL, Glémain P., Bévant, D., Bioteau E., Moulevirer P., Taupin M-T., 2007, «Le(s) territoire(s) des finances solidaires : une analyse régionale en Bretagne et Pays de la Loire», *Rapport de synthèse à la DIIESES MIRE*, Paris.

Finansol, 2012, *Baromètre de la finance solidaire*, Finansol / La Croix / IPSOS, 8^{e}

édition.

Fouquet A., 2005, "Les femmes chefs d'entreprise: le cas français," *Travail, genre et société*, N° 13, pp. 31-50.

France Active, 2011, *Rapport d'activité*, Paris.

France Initiative Réseau, 2011, *Rapport d'activité*, Paris.

Gentil D., 1996, «Les avatars du modèle Grameen Bank», *Revue tiersmonde*, n° 145, pp. 115-133.

Gide C., 2010, *Les œuvres de Charles Guide - Solidarité*, tome 11, Paris, L'Harmattan.

Glémain P., 2008, *Épargnants solidaires. Une analyse de la finance solidaire en France et en Europe*, Rennes, Presses universitaires de Rennes, coll. Économie et Société.

Gloukoviezoff, G., 2008, *De l'exclusion à l'inclusion bancaire des particuliers en France*, Thèse de cloctorat en sciences économique, Université Lyon 2.

Granovetter M., 2000, *Le marché autrement. Les réseaux dans l'économie*, Paris, Desclée de Brouwer, coll. Sociologie économique.

Guérin I., 2000, «La finance solidaire en France: coupler intermédiation financière et intermédiation sociale», *RECMA*, n° 277, pp. 79-93.

Guérin I., 2002, *La microfinance et la création d'entreprise par les chômeurs. La situation dans quelques pays européens et en Amérique du Nord*, Rapport pour le Bureau international du travail et le Secrétariat d' État à l' Économie solidaire, Genève.

Guérin I., Lapenu C., Doligez F. (eds.), 2009, «La microflnance est-elle socialement responsible? », *Revue tiers-monde*, numéro spécial, n° 197, pp. 5-16.

Guérin I., Vallat D., 1999, «Excusion et finance solidaire: l'expérience française», *Revue du CIRIEC*, n° 30, pp. 95-100.

Gueslin A., 1998, *L'invention de l'économie sociale: idées, pratiques et imaginaires coopératifs et mutualistes dans la France du xix*[e] *siècle*, Paris, Économica, 2e édition.

Gutierrez-Nieto et al, 2009, "Social Efficiency in Microfinance Institutions," *Journal of the Operational Research Society*, n° 19, pp. 104-119.

Karpik L., 1998, «La confiance: réalité ou illusion? Examen critique d'une thèse de Williamson», *Revue économique*, n° 49, pp. 1043-1056.

Keynes J. M., 1921, *Treatise on probability*, in *Collected writings*, vol. VIII,

Cambridge, Cambridge University Press.

Keynes J. M., 1930 [1971], *A Treatise on Money* (I), in *Collected Writings*, vol. V., Macmillan.

Knight F., 1921, [réedition 1965], *Risk, uncertainty and profit*, New York, Harper Torchbooks.

Lafourcade A., Isern J., Mwangi P., Brown M., 2005, *Overview of the outreach and financial performance of microfinance Institutions in Africa*, the MIX market Inc.

Lapenu C. et al, 2004, «Performances sociales: une raison d'être des institutions de microfinance et pourtant encore peu mesurées. Quelques pistes», *Mondes en développement*, pp. 51-68.

Laurent A., 1997, «Réflexions sur la relation de service», in Réboud L., *La relation de service au cœur de l'analyse économique*, Paris, L'Harmattan.

Laville J.-L. (dir.), 1994, *L'économie solidaire: une perspective internationale*, Paris, Desclée de Brouwer.

Lavoie M., 2004, *L'économie post-keynésienne*, Paris, La Découverre, coll. Repères.

Littlefield E., Rosenberg R., 2004, "Microfinance and the Poor. Breaking down walls between microfinance and formal finance," *Finance and Development*, n° 2, vol. 41. Disponible en ligne sur: http://www.imf.org/. CGAP, 2001, *Gestion des risques opérationnels*.

Malo M.-C., Lapoutte A., 2002, «Caisse d'épargne et Adie: une configuration partenariale innovatrice», *RECMA*, pp. 23-35.

Mason E. S., 1939, "Price and production policies of large-scale enterprise," *American Economic Review*, 29, pp. 61-74.

Mauss M., 1973, «Essai sur le don: forme et raison de l'échange dans les sociétés archaïques» in *Sociologie et Anthropologie*, PUF, coll. Quadrige, pp. 149-279.

Mendez A., Richez-Battesti N., 1999, «Les banques coopératives et mutualistes entre concurrence et solidarité: la confiance au centre d'un modèle alternatif de compétitivité», *RECMA*, n° 274, pp. 17-41.

Mesquita D., 2009, *Les institutions de finance solidaire et le financement de l'inclusion sociale: application au cas de la région Haute-Normandie*, thèse de sciences

économiques, Université de Rouen.

Nimal A. F., 2004, «Micro Success Story? Transformation of non-government organizations into regulated financial institutions," *Asian development Bank*. Disponible en ligne sur: http://www.adb.org/.

Okun A., 1981, *Prices and Quantities: a Macroeconomic analysis*, Oxford, Blackwell.

Paranque B., 2002, «Quelle intermédiation informationnelle pour les PME? Ou comment une démarche théorique a fertilisé une évolution stratégique», *Techniques financières et développement*, n° 68, pp. 5-12.

Plihon D., 1999, *Les banques: nouveaux enjeux nouvelles stratégies*, Paris, La Documentation française.

Plihon D., 2004, *Le nouveau capitalisme*, Paris, La Découverte, coll. Repères.

Porter M., 1982, *Choix stratégiques et concurrence*, Paris, Économica.

Reboud L., 1997, «Introduction», in Reboud L. (dir.), *La relation de service au cœur de l'analyse économique*, Paris, L'Harmattan, pp. 13-31.

Richez-Battesti N., Gianfaldoni P., 2006, *Les banques coopératives en France. Le défi de la performance et de la solidarité*, Paris, L'Harmattan.

Rivaud-Danset D., 1996, «Les contrats de crédit dans une relation de long terme-De la main invisible à la poignée de main», *Revue économique*, n° 47, pp. 937-962.

Rivaud-Danset D., Salais R., 1992, «Les conventions de financement des entreprises. Premières approches théorique et empirique», *Revue française d'économie*, n° 4, pp. 81-120.

Roux M., 2005, *La finance éthique*, Paris, Revue Banque Éditions.

Salop C., 1979, "Monopolistic Competition with Outside Good," *Bell Journal of Economics*, n° 10, pp. 141-156.

Santiso J., 2005, «Les marchés de la vertu: la promesse des fonds éthiques et des microcrédits», *Revue internationale des sciences sociales*, 2005/3, n° 185, pp. 535-550.

Schumpeter J. A., 1935, *Théorie de l'évolution économique*, Paris, Dalloz.

Scialom L., 2007, *Économie bancaire*, Paris, La Découverte, coll. Repères, 3e édition actualisée.

Servet J.-M., 2006, *Banquiers aux pieds nus - La microfinance*, Paris, Odile Jacob.

Servet J.-M., Vallat D., 2001, *Exclusion et liens financiers*, Paris, Économica.

Stiglitz J. E., 1990, "Peer Monitoring and Credit Markets," *World Bank Economic Review*, vol. 4, pp. 351-366.

Stiglitz J. E., Weiss A., 1981, "Credit rationing in markets with imperfect information," in *American Economic Review*, vol. 71, pp. 393-410.

Taupin M.-T., Glémain P., 2007, «Les logiques d'acteurs des finances solidaires contemporaines: de la résistance à la résilience? », *Journal of Annals of Public and Cooperative Economics*, n° 78, pp. 623-654.

Vallat D., 1999, *Exclusion et liens financiers de proximité (financement de micro-activités)*, thèse de doctorat, Université Lyon 2.

Varian, H.R., 1990, "Monitoring agents with other agents," *Journal of Institutional and Theoretical Economics*, vol. 146, pp. 153-174.

Williamson O., 1993, "Comparative Economic Organization: The Analysis of Discrete Structural Alternatives," *Administrative Science Quarterly*, n° 36, pp. 269-296.

Wissler A., 1989, «Les jugements dans l'octroi de crédit», in Boltanski L., Thévenot L.(eds.), *Justesse et justice dans le travail*, Paris, PUF, Cahiers du CEE, pp. 67-119.

Wolfson M. H., 1996, "A post keynesian theory of credit rationing," in *Journal of post keynesian economics*, n° 3, vol. 18, pp. 443- 470.